## はじめに

この「デザインレビュー2015」を運営するにあたりご尽力頂いた協賛企業の方々、会をまとめた本作品集の出版を無償で引き受けご尽力頂きました、総合資格学院 岸隆司学院長および同学院出版局の皆様、審査を務めて頂いた先生方、2日間の司会を務めて頂いた平瀬有人先生、そしてともに運営して頂いた出展者の皆様に深く感謝し、はじめの挨拶としたい。

2015年3月31日
デザインレビュー2015実行委員会 一同

## CONTENTS.

- 001 **クリティーク紹介**：小西 泰孝 / 手塚 由比 / 内藤 廣 / 藤村 龍至 / 葉 祥栄 / 末廣 香織
  **司会**：平瀬 有人
- 001 クリティークインタビュー

- 004 **受賞作品紹介**
- 007 - 最優秀賞：堤 昭文
- 011 - 優秀賞：大野 宏
- 015 - 優秀賞 / JIA賞：小黒 雄一朗
- 019 - 小西 泰孝賞：渡邉 匠
- 021 - 手塚 由比賞：杉森 大起
- 023 - 内藤 廣賞：岡 美里
- 025 - 葉 祥栄賞：篠川 慧
- 027 - 藤村 龍至賞：萩野 克眞
- 029 - 末廣 香織賞：中津川 毬江
- 031 - 12選 / JIA賞紹介

- 045 **公開審査記録**：決勝進出者12名選抜議論 / 受賞者選抜議論 / 全体講評

- 055 **出展作品紹介**

- 091 20周年企画①
  - 20周年座談会
- 097 デザインレビューツアーレポート

- 099 20周年企画②
  「出展者へ13の質問」

- 105 実行委員会紹介
- 107 あとがき
- 109 応募要項

- 110 協賛リスト
- 111 広告
- 125 奥付

## INFO.

**Design Reviewとは**
　今年で20回目の開催となる「デザインレビュー」は、全国各地の大学、大学院、専門、高専などで建築を学ぶ学生達の意欲的作品の講評を通して、現代建築や都市環境を取り巻く諸問題を議論し、デザインの可能性とリアリティについて、広く意見を交換する場を提供する活動です。この企画を通じて、各地の大学をはじめとした建築教育の現場、公共や民間の建築関係者、および建築・都市に関心のある多方面の方々を結びつけ、建築批評全体の質が向上することを期待し、現代の建築・都市デザインに対しての刺激となる事を目指しています。

**大会テーマ：" 機 "**
　数年前の大震災を機に日本における建築の在り方は刻々と変わりつつあります。今こそ新しい提案を発信する絶好の機会ではないでしょうか。今年で開催20周年という節目の年に、デザインレビューは建築の原点である機能性について再度見直し、新たな転機を導く場となります。

**開催日時**：2015年3月6日（金）～7日（土）

**クリティーク**：
小西　泰孝 [ 小西泰孝建築構造設計 ]
手塚　由比 [ 手塚建築研究所 / 東海大学非常勤講師 ]
内藤　　廣 [ 内藤廣建築設計事務所 / 東京大学名誉教授 / 総長室顧問 ]
葉　　祥栄 [ 葉デザイン事務所 ]
藤村　龍至 [ 藤村龍至建築設計事務所 / 東洋大学専任講師 ]
末廣　香織 [ NSKアーキテクツ / 九州大学人間工学環境学研究員准教授 ]

**開催場所**：九州大学伊都キャンパス椎木講堂
　　　　　　（福岡県福岡市西区元岡744番地）
**応募作品数**：259作品
**出展者数**：82名

## TIME TABLE.

3月6日（金）
| | |
|---|---|
| 09:00～11:20 | 開場 |
| | 出展作品受付 |
| 11:40～12:20 | クリティーク事前審査 |
| 12:30～13:00 | 開会式 |
| | クリティーク紹介 |
| 13:10～16:40 | ポスターセッション [ 6ターム ] |
| 16:50～17:40 | 中間講評 |
| 18:00～19:30 | 懇親会 |

3月7日（土）
| | |
|---|---|
| 09:05～09:45 | 出展者受付 |
| 09:45～10:45 | 最終ポスターセッション |
| 10:55～11:55 | 決勝進出者12名選抜議論 |
| 11:55～12:55 | 昼休憩 |
| 12:55～14:55 | 決勝プレゼンテーション |
| 15:05～16:05 | 受賞者選抜議論 |
| 16:05～17:05 | 全体講評 |
| 17:05～17:25 | 表彰席 |
| | 閉会式 |

クリティークインタビュー

①デザインレビュー2015を通して感じたこと

小西　やはり2日間連続でやるというのがすごく面白いですね。自分が考えたことに対して、ゲストの先生方や参加者、それに会場を訪れた多くの方々からいろいろな意見を聞ける。短い時間だけれど、そこで自分の考えをどんどん発展されるチャンスがあふれています。誰かに意見をもらって「ああそうですか」と終わるのではなく、1日目の考えを発展させて2日目の最終プレゼンに臨めます。ポスターセッションもあるし、夜はビールを片手にラフに話せる機会もある。1日目と2日目で考えがガラっと変ってもいいわけです。凄く濃密な2日間を過ごせます。それからデザインレビューを通して、同世代の学生同士で横のつながりができるのもとても素晴らしい。それだけではなく縦のつながりもできています。例年参加される先生方やデザインレビューOBの方々もたくさんいらっしゃって、まさに縦横無尽のつながりでコミュニティーができています。とてもいい伝統だと思います。

手塚　世の中が今不安定になっていて、建築家が何をすればいいのかという悩める状況の中、それでもいろいろとポジティブに、地に足をつけて作っていこうという学生が割とたくさんいて、それはすごく嬉しい。特に、震災の後の記憶がまだそんなに古くないので、被災地の問題を何か建築で解決していこうという姿勢の学生もいて、皆さんがそれなりにテーマを持って考えているのはいいことだなと思いました。

内藤　面白かった。基本。良い試みだと思います。みんなでレベルアップを図ってるっていう雰囲気がいい。参加しなかった人たちよりも、やっぱり参加した人たちの方が、クリティックされて傷ついたりするんだけど、やっぱり建築家ってそれくらいでへこたれてちゃダメ。意外と、目立たない子があとになって伸びるっていうこともあるし。やっぱり、挑戦しない子はダメですね。挑戦して、負けて、悔しくて、そして次は、っていって育っていくっていう人もけっこういるので、そういう意味ではみんなで切磋琢磨する道場みたいな場所だから、リング上にあ

CRITIQUE INTRODUCTION

小西泰孝建築構造設計 代表
**小西　泰孝**
1970年 千葉県生まれ。1995年 東北工業大学工学部建築学科卒業。1997年 日本大学大学院理工学研究科建築学専攻修士課程修了。1997年 ㈱佐々木睦朗構造計画研究所入社。2002年 小西泰孝建築構造設計設立。第3回日本構造デザイン賞（2008年）、第24回JSCA賞奨励賞（2013年）受賞。現在、多摩美術大学、京都工芸繊維大学、芝浦工業大学、東京理科大学、金沢美術工芸大学非常勤講師。

㈱手塚建築研究所代表取締役
**手塚　由比**
1969年 神奈川生まれ。1992年 武蔵工業大学卒業。1992～1993年 ロンドン大学バートレット校（ロン・ヘロンに師事）。1994年 手塚建築企画を手塚貴晴と共同設立（97年 手塚建築研究所に改称）。1995年～東洋大学非常勤講師、2001年～東海大学非常勤講師。

内藤廣建築設計事務所
東京大学大学院名誉教授・総長室顧問
**内藤　廣**
1950年生まれ。1976年早稲田大学大学院修士課程修了。フェルナンド・イゲーラス建築設計事務所（スペイン・マドリッド）、菊竹清訓建築設計事務所を経て、1981年内藤廣建築設計事務所を設立。2001～2011年東京大学大学院にて、教授・副学長を歴任。2011年～同大学名誉教授・総長室顧問。

葉　建築教育が、専門家、テクノクラートを養成し、技術を教える。それはちょっとおかしいという気がしますね。つまり、教育の目的がどこにあるか自分はよくわかりませんけど、社会が求める職業人という形だとかね。やっぱり、教育は社会に奉仕するためのものだとも僕は思わないんですよ。尊敬されるべき人間性といっても、それも他人が決めることだから、尚更のこと自分自身が業務、あるいは職を通じて、役に立つ立たないっていうのもわからない話であってね。そういう意味じゃ、依頼者との関係で存在するわけだけど、その時に依頼者だけじゃなくて、それを利用する人たちが喜んで使って頂けるかどうか、建築ってすごく長いロングスパンのライフがあるわけで。（この開場の）近くの木下クリニックが36年になるということは、25年という約束を、僕は守った。彼との約束がそうだったから。それがまた十数年続いていて、しかもそれをまた次の代が使っていこうとか、あるいは、何世代もの患者さんがそれだけたくさん見えているという、そういう継続性はどんどんアノニマスになっていくと思うんですよ。誰がつくったとかいう話ではなくて。その社会における一つのインフラストラクチャーみたいになっていく。それは一つの「実装/理想」のような気がするんだけど。僕の手を離れてから36年経って、その間維持管理してくれた人たちもいる。明日（デザインレビューツアーに）行ったらびっくりすると思うけどそれが新品同様でね。インターネットで見ても、外国の人たちの言葉ですけど、非常に新鮮に見えるみたいですね。だからその、新鮮っていう言葉が正しいかどうかわからないんだけど、少なくとも、生き続けていること、というのは生命を与えられたような形になるのかなと思っています。ですから、そういう仕事に携われるというのは非常に幸せだと思っています。

藤村　東京ではもうちょっと巨大建築とか開発に対しての提案が多かったんですよ。やっぱりオリンピックがあるからだと思うんですけれども、その影響がまるで無いですね。だから、東京と結構、今差が出来ていますね。

**葉デザイン事務所**
**葉　祥栄**
1940年熊本市生まれ。1962年慶応義塾大学経済学部卒業、オハイオ州 Wittenberg University, majored in Fine and Applied Arts
1970年 葉デザイン事務所設立
1992年 九州大学非常勤講師、ニューヨーク市 Columbia University Graduate School of Architecture, Planning and Preservation Visiting Professor
1996年 慶応義塾大学 湘南藤沢キャンパス 大学院 Architecture and Urban Design チェアシップ教授
2007年 Wittenberg University Honorary Doctor of Fine Arts

**藤村龍至建築設計事務所 代表**
**東洋大学建築学科専任講師**
**藤村　龍至**
1976年東京生まれ。2008年東京工業大学大学院博士課程単位取得退学。2005年より藤村龍至建築設計事務所主宰。2010年より東洋大学専任講師。近年は建築設計やその教育、批評に加え、公共施設の老朽化と財政問題の解決を図るシティマネジメントや、日本列島の将来像の提言など、広く社会に開かれたプロジェクトも展開している。

**NKSアーキテクツ**
**九州大学人間環境学研究院准教授**
**末廣　香織**
1961年大分県生まれ。九州大学工学部建築学科卒業、同大学院修士課程修了の後、1986年よりSKM設計計画事務所勤務。1991年よりベルラーヘ・インスティテュート・アムステルダムで学びながらヘルマン・ヘルツベルハー建築事務所勤務。1994年より九州大学で助手を務め、1998年よりNKSアーキテクツ共同主宰、2005年より九州大学准教授。

**yHa architects**
**佐賀大学大学院工学系研究科都市工学専攻准教授**
**平瀬　有人**
1976年東京都生まれ。1999年早稲田大学理工学部建築学科卒業。2001年早稲田大学大学院修士課程修了。2001-07年 早稲田大学古谷誠章研究室・ナスカ。2003-06年 早稲田大学理工学部建築学科助手。2004年 早稲田大学大学院博士後期課程単位満了。2007年～yHa architects。2007-08年 文化庁新進芸術家海外留学制度研修員（在スイス）。2008年～ 佐賀大学理工学部都市工学科准教授。現在、佐賀大学大学院工学系研究科都市工学専攻准教授

クリティークインタビュー

東京の学生と地方の学生で考えることが結構変わってきて、それは結構な差になってきてるな、と感じました。

末廣　新しいものででっかいものをどんどん作る時代ではなくなっているので、そういうプロジェクトよりも、人間的なスケールでものを作っていったりとか改修したりとか、そういう話がすごく多かったな、という印象がすごくある。あと、木造系というか、木を使って構築するみたいな案もすごく多くて、そういうのは本当に時代の流れだな、と感じた。実際のものがかっこいいどうこうっていうのじゃなくて、作り方のプロセスっていうものを一生懸命考えてるっていう傾向があったので、それは本当に現代的だなあ、と思いました。

②建築を学ぶ学生へ

小西　色々な人に自分の考えをぶつけてほしいですね。建築分野でいえば構造の人だったり、環境の人だったり、とにかく色々な人にぶつけてみる。建築以外の人にでもいい。そうすると必ずそこで自分の考えを否定される局面があるわけです。そこでめげないで欲しい。建築は何が正解なのかは誰も分からない。こうじゃないといけない絶対的なものはないので、否定されたことに対しても、それをプラスに展開することです。あらゆる条件をプラスに持っていく。そうするとその先の道が見えてくるのではないかと思います。物事をプラスと捉えるかマイナスと捉えるかは紙一重です。プラスとマイナスは全く逆だけれど、境界のゼロからどっちに転ぶかはほんのちょっとしたことで決まります。どうせ転ぶのだったらプラスに転び続ける。たまにマイナスに転んでも最後はプラスに転ぶ。いつも前向きに転び続けるという気持ちが必要かな。

手塚　建築は必ず必要なものだし、作り方によっては世の中をよくすることができるし、人を幸せにできるものだと私は信じているので、建築の可能性を、色んな建築を見て、世界を旅行したりして、いっぱい学んでほしいなと思います。

内藤　もし神様が許してくれるなら、もう一度２０歳位に戻してもらって、チャレンジしたいというくらいの気分なんです。そのくらい、これから面白い時代がやってくる。大革命の時代がくるんですね。僕らの頃は割と高度経済成長の時代で、ずっとそういう時代を生きてきたんだけど、今の若者は、ものすごい変化の時代を生きなきゃいけないんですね。それっていうのは、でも実はとても面白い時代で、それから若い人が活躍する時代なんですよ。だから、建築は困難なことがいろいろあるけれど、建築を学ぶ若い世代は是非とも希望を持って、自分なりの道を見つけてほしいと思います。

葉　自分の立ち位置とか、哲学とか、思想とかを具体化する方策を学んでいると思ってもらったらいいと思うので、今日（デザインレビュー）は大変よかったです。心が引き裂かれるような作品もありましたけど、やっぱり技術ではなくて文化なんだな、と思ったんですね。だからみなさん、ぜひ文化の担い手になって下さい。

藤村　九州の学生が何を考えてるかというと、磯崎さんの「建築の解体」の時の1968年くらいの学生の気分に近づいてるかな。だから今日（デザインレビューで）、葉さんがいたり内藤さんがいたりしたのはちょっと必然的というか。葉さんや内藤さんのころの学生の気分に、九州の学生の気分が近いような気がしますね。だから割と、葉さんなんかは議論を楽しまれてたんじゃないかなという気もします。なので、学生の皆さんに言いたいことは、「68年」みたいな近い歴史を知識としてもっているといいんじゃないかな。さしあたって「建築の解体」は読んだ方がいいんですよね。みんな知らないんじゃないかな。知ってる？（学生「知らないです。」）「建築の解体」という本があったんですよ。それを書いたのは磯崎新さんという九州の出身の建築家なんですよ。それを勉強した方

がいいかなと思っています。

末廣　とにかく、自分の頭で考えてほしい。自分で色んなところに飛び込んでいって経験してほしいっていうことと、それから、自分の頭で考えて動いてほしい。結局、経験をしない情報っていうのは同じ情報でもあんまり身につかないというか、表面的になるからね。だから、できるだけ体験をするというのが大事だと思うので、そういう意識でいてほしいな、と思います。

# Design Review 2015
## 受賞作品紹介

1次審査、2次審査、決勝審査と、厳しい戦いを経て決定したデザインレビューの各賞。ここに至るまでのクリティークとの議論、学生同士の意見交換は、全参加者にとってかけがえのない財産だ。称賛とともに激励を込めて、贈られたこれらの賞をステップに、さらに高く羽ばたいてほしい。

| | | |
|---|---|---|
| 最優秀賞 | **故郷の星憬** | |
| | 82 堤 昭文 | |
| | 日本大学 理工学部 海洋建築工学科 4年 | |

| | | |
|---|---|---|
| 優秀賞 | **敷地の上の設計室** ―「見えないもの」を見た生活と設計の記録― | |
| | 08 大野 宏 | |
| | 滋賀県立大学 環境科学部 環境デザイン学科 4年 | |

| | | |
|---|---|---|
| 優秀賞・JIA賞 | **湯桁　時を囲う** | |
| | 70 小黒 雄一朗 | |
| | 九州大学 芸術工学部 環境設計学科 4年 | |

| | | |
|---|---|---|
| 小西 泰孝賞 | **module 978** | |
| | 39 渡邉 匠 | |
| | 大阪市立大学 工学部 建築学科 4年 | |

| | | |
|---|---|---|
| 手塚 由比賞 | **道行きの闇** | |
| | 64 杉森 大起 | |
| | 立命館大学 理工学部 建築都市デザイン学科 4年 | |

| | | |
|---|---|---|
| 内藤 廣賞 | **燃えた京島木造密集地** | |
| | 74 岡 美里 | |
| | 多摩美術大学 美術学部 環境デザイン学科 4年 | |

| | | |
|---|---|---|
| 葉 祥栄賞 | **マテリアルシティ** | |
| | 48 篠川 慧 | |
| | 九州工業大学 工学部 建設社会工学科 4年 | |

| | | |
|---|---|---|
| 藤村 龍至賞 | **建築設計関係者との協働設計プロセスから生まれる建築** ― Google Earthを利活用した見沼区周辺リニューアルプラン官学連携まちづくり研修 ― | |
| | 80 荻野 克眞 | |
| | 芝浦工業大学 大学院 建設工学専攻 修士課程2年 | |

| | | |
|---|---|---|
| 末廣 香織賞 | **日常は壁一重** ― 街と家族が寄り添う少年院 ― | |
| | 06 中津川 毬江 | |
| | 東海大学 工学部 建築学科 4年 | |

| | | |
|---|---|---|
| 12選・JIA賞 | **記憶の拾継** ― 空き家の利活用 ― | |
| | 27 泊 裕太郎 | |
| | 西日本工業大学 デザイン学部 建築学科 4年 | |

| | | |
|---|---|---|
| 12選 | **天涯に祈る** ― 崩れと対峙する天涯の英雄祈念館 ― | |
| | 55 楠本 鮎美 | |
| | 立命館大学 理工学部 建築都市デザイン学科 4年 | |

| | | |
|---|---|---|
| 12選・JIA賞 | **桶屋が儲かる。** | |
| | 68 加藤 樹大 | |
| | 九州大学 芸術工学部 環境設計学科 4年 | |

| | | |
|---|---|---|
| JIA賞 | **parametric elements** | |
| | 07 森 隆太 | |
| | 九州大学 工学部 建築学科 4年 | |

| | | |
|---|---|---|
| JIA賞 | **渋谷山　螺旋寺** | |
| | 31 佐伯 瑞恵 | |
| | 九州大学 工学部 建築学科 4年 | |

| | | |
|---|---|---|
| JIA賞 | **源** ― まちの社交場に住まう ― | |
| | 73 松岡 彩果 | |
| | 九州大学 芸術工学部 環境設計学科 4年 | |

最優秀賞

ID:82

堤 昭文

日本大学
理工学部 海洋建築工学科
4年

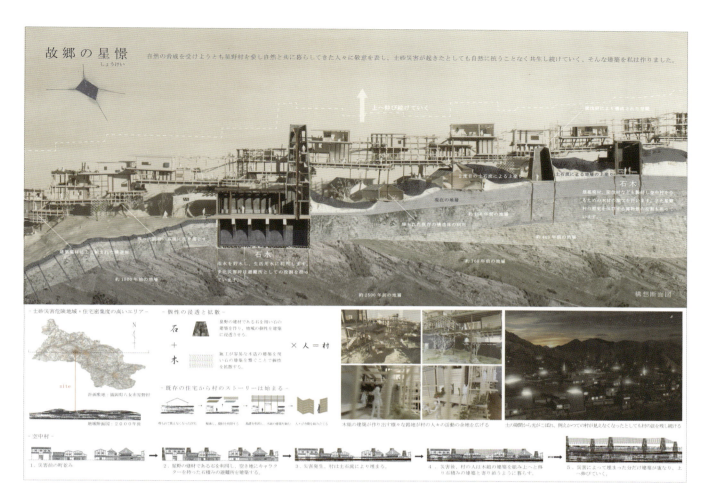
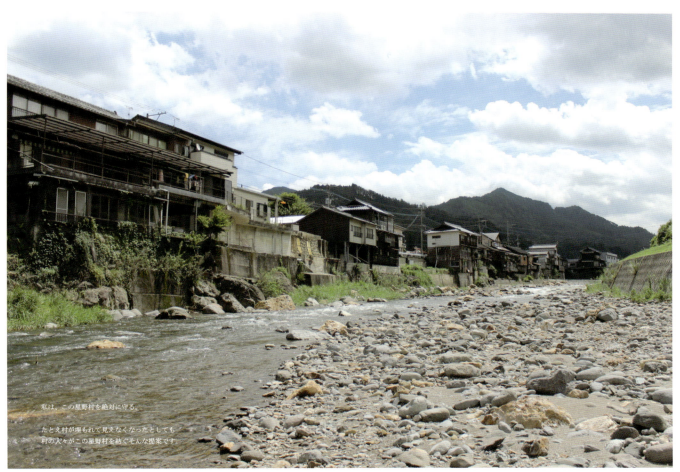

# 『故郷の星憬』

自然の脅威を受けようとも星野村を愛し自然と共に暮らしてきた人々に敬意を表し、石と木の建築によって村の個性を浸透し拡散させ自然に抗うことなく何十年も共生し続けていく、そんな建築です。

## Presentation

忘れ去られていく災害山地が約6割を占める日本では、災害危険地区が約52万件存在します。また年間1000件以上の土砂災害が起こっている現状があり、多くの国民が危険と隣合わせに生活を送っています。しかし、この事実は地方であればある程すぐに忘れさられていくのが現状です。計画背景です。福岡県南部に位置する星野村。この村は星と蛍の村と謳われ第一次産業で成り立つ自然豊かな村です。しかし、自然と共生し過ぎるがばかりに自然の脅威を受け、災害を繰り返しています。そして2012年の九州北部大豪雨により深い傷が残り、立ち直るのが厳しい現状となってしまいました。私の故郷である星野村に、2度とこんなことがないように守りたい。そして、この地方の災害を伝えなければならないという一心で、私はこの卒業制作に取り掛かりました。計画敷地です。星野村では3種類の災害が存在します。被害の大きい場所をプロットし、今後災害が予測される危険地区との双方を照らし合わせ敷地選定を行います。基本計画です。土木などの人が関わる余地のないものの力では、星野村の災害を抑制することはできるが、村を改善することはできない。その場所の文化、風土を人によって繋ぐことができる建築の力を使って、抗えない自然と共存していく村を計画します。地元の建材である石の建築と木の建築を利用し、そこに人が関わることにより村を形成します。この石の建築は避難所兼橋桁となり、ライフラインを繋ぐハブとして機能します。木の建築はその避難ルート、またインフラの架け橋となりそこに住宅や商業施設が付加していきます。ダイアグラムです。災害前の街並み、空き地や畦道などを利用し、その場所に石の建築が入っていきます。災害後、住む場所が無くなった人たちが木組の建築を作り、上へ移動していきます。そして、2000年後ぐらいの予想なんですが、もうここまで埋まっていくと、どんどん上塗りになっていって上へ伸びていきます。次は石の建築についてです。土木と建築の中性を創造し、災害に強く豊かさが残る村を目指します。大小様々な石積の建築は、土石流の流れを受け土地の形を変化させます。例えば、こちらは星野村にある祭りの場なのですが石積の建築を建てることによって、その村の大事な場所を守っていきます。次に木の建築についてです。村の人々が自ら紡いでいく建築を目指します。村の人が自分で作れるように、簡易的なシステムを一部決めました。また、災害後はその廃材の利用や間伐材の利用なども考えております。空間構成図です。5種類を想定しました。シーンです。様々な木組の空間により様々なシークエンスが生まれ、豊かな空間を生み出していきます。こちらは災害後、家が流された後に基礎だけ残っている場所があるんですけれども、そこに柱を落としてあげて建築を固定していきます。こちらが見上げのシーンです。日の出や日の入りなど美しい現象があるように土砂災害も美しい現象になることを願います。以上で発表を終わります。

**Poster Session**

堤　実際にどうするのかっていう話なんですけど、これが550年後を想定した模型で、石の建築、木の建築を作っていきまして、この石の建築が橋げたになっていて、これがパブリック的な空間になっているんですよ。様々なキャラクターがありまして、製材所であったりとか、災害時のために雨水を貯水する場、ろ過機であったりとか、公民館であったりとか。今までここは公民館があった場所なんですけど、こういう風に近いものを残していて、街からキャラクターを抜き出していく。土石流を想定しているんですが、この土地は土石流が来た場合、既存の住宅は流されますよね。流された後の廃材をどんどん上に利用していって、形態を変えて橋のような、空中村と呼んでいるんですが、そういう風な形態に変わっていきます。それでこの柱を落とす場所っていうのが、基礎は残るので、基礎にがっちり固定していって。こっちのある程度スパンを飛ばすような場所は、住宅がある所なので、そういったところにがっちり固定していって、空中村を作って上から逃げるような話になります。

小西　今こうなっているんですか?
堤　これは、今の現存している状態で、いくつか…。
小西　こんな際どい所にいっぱい立ってるんですか?
堤　はい。こういう住まい方なんですよ。
小西　このところに土砂がくるとこの辺までザーッと来ると。
堤　そうですね。実際この辺とかもいくつか抜けてるところもありまして。
小西　それがバーッと流れちゃって。それで、これ何でできてるんでしたっけ?
堤　石です。
小西　石でできてるのは残って、そこを繋いでって、柱が落ちるのは元々立ってるところの基礎を使ってやると。
堤　はい。石の建築は橋桁として伸びていきます。
小西　なるほどね。今これ上にあげてるのは水から上にあげてると?
堤　はい。水含め土石流から逃げるようにと。
小西　もう1回これ土石流来るとまたこれが飛んじゃうわけでしょ?これはまた残る、またここの石だけは残ると。
堤　はい、残していきます。そうやって変化していく。
小西　次また土石流が来たら、ここは飛んじゃってもいいという選択?
堤　ある程度、どこまで自然と共生して生きていけるか。そしてあくまで人命は守らないといけないので。
小西　この辺まで来てる分には大丈夫、本当にこの辺まで来たら大変だと。
堤　この村が残るかどうかわからないですけど、200年後まで残っているとすれば、そこまで想定できます。
小西　なるほどね。これ何で石なんですか?
堤　この街っていうのが石がすごく建材で使われていて、多分その理由も遡ればやっぱり災害の多い村だったので。その災害に対応していく結果として、石を使うような、絶対にここちょっと石表現できてないんですけど、住宅の基礎は全部石積でできているんですよね。この街っていうのが。
小西　ああ、こういうとこ?
堤　写真だとこういう風に、全部石積みの上に住宅があるような、ひとつ高いんですよね、他の村とかそういう街とかより。そういう住まい方をしている村なので、そこら辺っていうのは今は空間じゃないですけど。それを空間化してあげて、それを橋桁にしていってあげて、木造のこういう風な掛け造で作ってあげてるんですが、そういった建築が上に伸びていくような。
小西　25年に1回来てるっていうのは、ここで壊れて、また再生して25年ぐらいっていう?
堤　そうですね。
小西　うん、なるほどね。
堤　それくらいのスパンでおおよそ考えていて…。この間のがでか過ぎたので。もう過去ないレベルで。ずっと土石流が上塗りされていくような土地で、今までは土をどかしてまた道を作ったりしていたんですけど、そういう住まい方をもうやめようじゃないかと。それに合った、この土地にあった住まい方にもっと変化していかないかという話です。
小西　なるほどね。今こういうの無いわけですもんね?
堤　はい、無いです。
小西　普通に立ってるっていう。
堤　こういった空いたところに挿入していってあげようかなと。
小西　なるほど。はい、わかりました。

――――――――――――――――――――――――――

堤　敷地は福岡県の南部に位置する八女市星野村という場所なんですが、ここは2年前に九州北部豪雨により村がなくなりかけたんです。実はこの村というのが僕の故郷でして、何としてでもこの村を守りたい。そして、この事実を伝えていきたいというところからこの作品にとりかかっていきました。作品を簡単に説明すると、災害が繰り返されるたび住まい方が変化していって、村の形態も変わっていくような提案になっていまして。具体的に説明しますと、これは60年後の想定模型なんですけれど、石の建築と木の建築の2つを利用して計画していて、この石の建築というのが石の建築であり橋桁であるような存在になっていまして、この木の建築が橋のような構成になっています。この辺の地域というのは土石流で埋まっていってしまうような土地なので、そこから逃げていくという提案になります。

手塚　上は住居なわけね?
堤　そうです。住居兼商業施設ですね。商店街のようなものです。複合集住というような計画です。
手塚　下の家はどうなっちゃうの?
堤　下の家は今、こういうのは残っているんですけど。ちょっと裏手とか見えにくいんですけど、こういうところは基礎だけ残っているんですよ。完全に流されてしまった。そしたら、その廃材というのを上にまわしていって、形が変わって、基礎に柱を落としていって、今までの基礎は形態を変えて、上の方の災害を受けない場所に移動していく、という感じになっております。
手塚　要は下にあったものが上に移動してということね。
堤　これとかは残っているんですけれども、使える構造というものはどんどん使っていこうという感じで考えています。
手塚　長期的な感じでちょっとずつ作っていくという感じね。
堤　そうですね。長いスパンで。
手塚　なるほどね。
堤　そして、どんどん街の形態やシステムが移り変わるんですけど、できるだけ住まい方であったりとか、そういうところは変わりたくない。街自体も地方の方なので、ランドスケープ的な街じゃないですか。なのでそういったものを上空でも建築で生み出していってあげれないか。色々な隙間であったりとか、色々なシークエンスが生まれるような空間を作っていけたら、と思いまして、このような作り方になりました。
手塚　おもしろいけれども、結構なスパンがとんでいるから。
堤　そうですね。住宅が多い所はやはりスパンをとばさざるを得ないので、そういう所に対して柱を落としていくような。その分何とか住宅に柱を落としてもたせていこう、と考えているのですが。
手塚　わかりました。ありがとう。

## 優秀賞

ID:08
### 大野 宏
滋賀県立大学
環境科学部 環境デザイン学科
4年

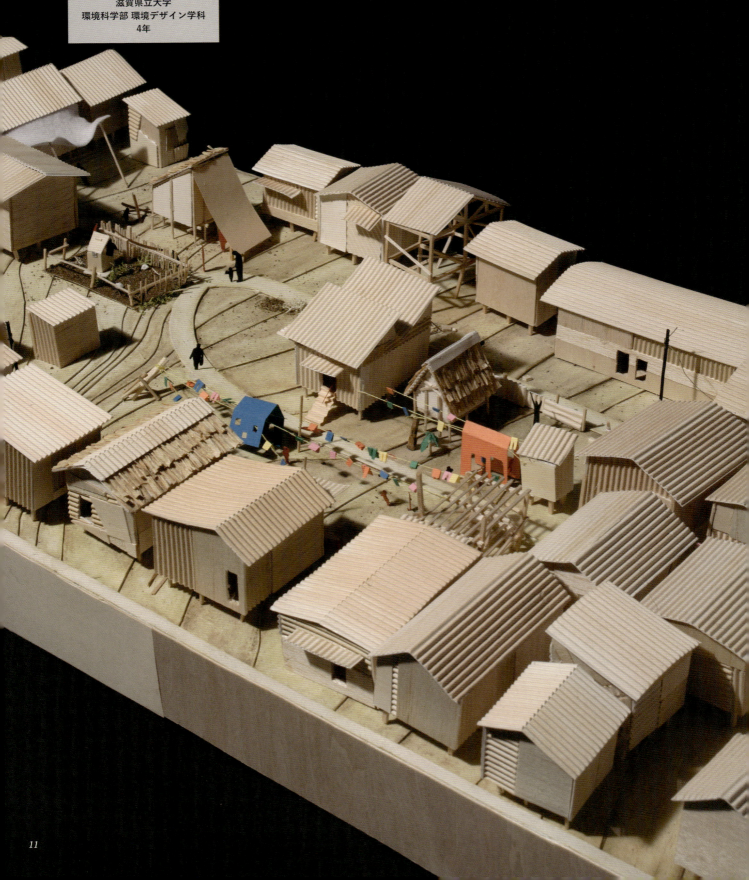

■提案条件
移住を待ちきれず海沿いに帰ってくる人がいる。再度大型の台風が来ることを懸念すると、住民の不安などを踏まえ住環境の改善が必要である。

①台風に強いこと　②安価であること　③住民の手でつくれること

住宅供給

現在の住居は、ほとんど釘だけで材を紡いでいっているため台風に弱い。

元々、貧困層(人によって大きく差がある)な上台風で被害を被り、住まいにかけるお金はあまりない。

タクロバンでは、大工と家の家主で建てることが多い。現地人が手に入るものだけを使って建設を試みる。

現地リサーチ・設計 in tacloban

2014.12.04　　　2014.12.16　　　2014.12.20　　　　　　　　　2014.12.26...

海沿い地域ではインフラが整っていない。
海上公共トイレを使用し、井戸水を汲む。
下水を海に流す家も多い。

■台風とインフラ
2014.12.04に関西国際空港を出発したが、日本台風最接近のため飛行機が欠航になる。
後輩が1人タクロバンに滞在していたため、タクロバンへの連絡が予想されるこの台風が人事ではなく思した。
結果として台風はタクロバン近郊に大きく進む、被害は少なかった。台風通過3日後にタクロバンにつくことができた。
水道・電気はストップ状態であり、インフラに頼れない状態の生活を強いられた。
インフラと生活の関係も考える必要がある。

「なにしてんのー？」
「日のあたるところは暑いから影に入りな。」
「座れ座れ。」

■外の暮らし・最小限の室内
住民は日中外で生活することが多い。住宅の家に入り雨戸隙間を開く。
室内は最低限のスペースで済ませ、外での活動を考える。

「ネイティブハウスの住み心地はどうですか。」
「ほかの家より快適でいいですよ。」
「なんでニッパヤシを使ってるの？」
「お金がないから。」

■嫌われる自然素材
自然素材を利用した家は安価であると認識されている。しかし、施工面で労力がかかるのも自然素材を使う。ぜんぜんネイティブハウスに住まれるるが、お金がなくて自然素材を使うという本ネガティブな考えが多い。

12

## 『敷地の上の設計室』―「見えないもの」を見た生活と設計の記録―

設計室では、見えてこないものがある。その思いでフィリピンの被災地タクロバンに飛んだ。現地で設計案を作成し、施工をした。最終的に建てた建築に住み、現地に浸り、「何が適切か」を考え直し、変更案を作成していった。その生活と設計の記録。

**Presentation**

僕が卒業設計をするにあたって、設計士が建築を設計するということが、住民のことをどれだけ考えられているのか、ということに疑問を持って、この設計を始めました。僕がやったことは、12月4日、飛行機に乗ってフィリピンに渡り、2週間のリサーチで、日本での設計と照らし合わせながら設計をまとめて、実際に現地の人と一緒に施工をして、完成までたどり着き、1週間、建てた小屋に住むという行為をして、一緒にビールを飲みながら、一緒にまったく同じ生活をして、現地の生活を味わいました。その施工と生活の中から色々なものをあぶりだしながら、もう1回設計をまとめ直して、新しい本当の、細かい部分まで拾い上げた設計案を作りました。敷地はフィリピンのタクロバン島です。一昨日11月に巨大な台風の被害があり、高潮がきて、海沿いの地域のスラム街が流された。今の状況として、海沿いの部落は被害があってから、どんどん建て直すという声が上がっているんですが、政府はまた台風が来た時に対しての提案で、仮設住宅と、常設住宅を新しい土地を切り開いて作っている。デイケアセンター等の一部の施設に住民が一時宿泊して、供給を待っているんですが、供給が全く間に合っていない状況で、海沿い部落にまだまだ建設が続いている。でも、その海沿い部落というのはスラム街で、一掃されるのが決まっている地域なので、移住後お金がかけられない。それであまり住宅環境は良くない。住宅供給として台風に強いこと、安価で誰でも作れること、ということでフィリピンに飛びました。2週間リサーチして、最小限住宅を作るということを踏まえて、設計案を作って、図面を書きました。敷地選定から施工と生活の記録で、1つ例に挙げると、このように玄関先コミュニティーと僕は呼んでいるんですけど、玄関先でのコミュニケーションが住民の中で多いというのがあって。前回案だと、玄関先がすごく小さいので、玄関先の間口を広げています。他にも、コミュニティーというものが複雑で、家族コミュニティーと下に書いているんですが、親族が周りにぽつぽつ住んでいる地域で、親族だけはガツガツ家の中に入ってくるコミュニティーの形成の仕方があって。玄関先と家の中に入ってくるコミュニティーが形成されていて、そのような設計士がちょっと現地に行ってリサーチするだけでは読み取れない部分というのが、一緒に生活することで見えてきたと思います。そういうことで設計では半野外スペース。最小限住宅を安価で作るということなので、現地ではロープというのが生活では主流なので、ロープとテントを使いながら半野外に広げて、親族が集まれるスペースと玄関間口を開いて、玄関先のコミュニティーのスペースを作るというふうに、現地のことを設計に取り入れています。敷地はもともとは密集の度合いが高かったので、外部に影ができて、そういうところに人が集まっていたんですが、家が抜けることによって外部スペースに影がなくなって、なかなか外部にコミュニティーが形成されないというのがあって。最小限住宅を作ることによって、外部に人を出す。その代わりに簡易テントを作る。ロープはもともといっぱいかかっていて、そこにテントを張ることによって、みんなが集まれるスペース、水道などが共有で使われるスペースで、そういうところの周りにテントを張ることによってコミュニティーを再編していくということをしています。最後に、工法的な話や生活の部分、設計とは関係ないんですが、自分が帰国してから1週間後に現地の人からメールが来て、みんなでこの敷地を掃除したという話をされて。思い出すと、現地で言われたことは、被災前のこの地域は、ガーデンとかがあって綺麗だった。でも、被災があってからごみだらけになって、今すごい汚いのが嫌だって言っていて、自分が行ってから1週間後にこういうことをしてくれているというのは、何か自分が、そこに建築があるからこそ、住民がコミュニティーとして動いてくれたのかもしれないという部分があって。そういう建築の存在意義を感じた卒業設計なので、これはすごく印象的です。以上で終わります。

**Poster Session**

大野　建築家が設計室で設計することがどんだけ(現地を)理解できるのかって…

内藤　できないよ。

大野　できないです。なのでそれを思ってて、フィリピン被災地でそういうことこそできないじゃないですか。

内藤　うん。

大野　だからフィリピンに飛んで1回日本の設計と照らし合わせながらリサーチして2週間くらいで設計案を作って、実際に施工して、そこに住んで一緒にビール飲みながら一緒に生活して、それ1番最初に作った案ってのは日本で作った案なので、それがどんだけ現地と違うのかっていうのをもう1回現地の生活を踏まえてまとめなおすっていうことをしてます。

内藤　これとこれは何が違うのかそれだけ説明してよ。

大野　1番分かりやすいのでいったら、これ僕のキャリーバックなんですけど、荷物を運ぶ時にこっちの人ってロープの文化がとても発達してて、それでロープでグルって縛ってくれるんですね。それでよく見てたら縛り方も3タイプあって固く結んだり解きやすかったり縛り上げるみたいな。それをここ被災地スラム街なんで住民が作るってことで、それをこういう建築の部分に入れて台風時にこれを分けることによって、住宅を縛り上げるってことをできるとか、そういう住民の生活からあふれ出てくるものを、建築の設計に取り入れてます。

内藤　はい、わかりました。

大野　ありがとうございます。

――――――――――――――――――――――――――

大野　建築家が設計室で設計してるということに対して疑問があって、それで何が住民のことがわかって、施工法がわかるのかっていうので。今この敷地は被災地で、余計そういうのが顕著に現れる場所っていうのでやってます。この敷地はフィリピンで、高潮被害があった場所でやっていて。自分がやったことと言ったら、1回フィリピンに飛んで、それでリサーチを2週間して、日本の設計案と照らし合わせながら、それを1回設計をまとめて、それを設計して、施工して、実際にそこに住んで、その施工法と設計で食い違ってると思ったことを、もう1回設計としてまとめなおすということをします。いちばんわかりやすいのでいったら、こういうロープワークがあって。これ僕のキャリーバッグなんですけど、こういうのを自分がゴロゴロやってると、荷物括り付けたりしてくれて、こういうロープの文化っていうのがあって、結び方とかも、固く結んだり、ほどきやすく縛り上げたりっていうのを、こういう建築の設計に取り入れて、台風とかに備える、っていうことをやってて、それが生活面や、構法的な部分っていうのをやってます。

藤村　わかりました。皆さんに聞いてるんですけど、これの現代的なところはどういうところですか。

大野　今までその建築家が設計室でやっているところを現地でやることによって、スピーディにその、現地のことを理解する。設計室にいたらわからないことまで、その生活のことっていうのが、落ちてくる、設計まで落ちてくるっていうのが新しいところです。

藤村　こう、入力が増えるっていうこと。

大野　はい。

藤村　それに対して、こうフィードバックっていうのはどういう感じでやったんですか。例えばこう、フィリピンでやって、こうフィリピンのことはよくわかったと。で、これによって得られた、建築の技術なり感覚っていうのは、どういう風にフィードバックされるの？建築そのものにおいては。大野さんが設計するときに、次どういう風に…。

大野　僕は、もっと現場に立って設計するってことがあると思ってて、その、実際にそこの生活に入り込むっていう設計手法…よくやられてるのは、住民の意見を聞くっていう設計手法、自分のプレゼンに対して住民の意見聞いてるのがよくあると思うんですけど、自分がそこに入ってそれで感じたことを設計に落とし込むっていう設計手法をとろうと思ってます。

藤村　まあ、そういうことはできるとは思うんだけど、今はどっちにしろ、もう情報化してて、例えばこういう入力の仕方もあるけど、例えば構造解析とか、音響解析とか色々入力があるでしょ。だけどその入力を形にアウトプットする時の再構成ってとても問題じゃない。

大野　はい。

藤村　で、そこで1回仮に組んでみて、違ったと言ってフィードバックするじゃないですか。そういうこと自体は極めて真っ当な設計手法だと思うんです。で、それがどう現代的か。

大野　設計室で設計して、じゃあモックアップをしようってなった時に、すぐ大工を呼んだり、施工者を呼んだりっていうのをしないと駄目っていう状況が、今の日本の状況だと思っていて、じゃあもっと職人と手を組んで、敷地の側に設計小屋っていうのを仮設で建てて、じゃあ自分がそこで設計をしたら、そこに職人を呼んで、すぐモックアップをするっていうのは、新しい建築の空間性っていうのを、創造しやすい。モックアップのスピード的に、っていう風なことを考えてます。

藤村　まあ、情報プログラミングとかは、プログラミングして、ぱっと直すっていうのがやれるんですよ。なんだけど、建築の場合、それがなかなか難しいですよね。クリストファー・アレクサンダーがそういう似たようなことを主張してやった結果ね、建築の場合ってコストがかかるんだよね。

大野　あ、はい。

藤村　だから結局、模型で、つまり製図室で、フィードバックして再現していくのは、設計行為なんだけど、これは建設行為だよね。

大野　実験的なもの、モックアップは建設行為っちゃ建設行為かもしれないですね。

藤村　モックアップを部分的に作るのはこのスケールではいいんだけど、規模の問題が出てきたとき、クリストファー・アレクサンダーは上手くいかなかった。

大野　規模がでかすぎたという部分だと思っていて、それをもっと…。

藤村　それをどう乗り越えるか。

大野　はい。ディティールで試したりっていうのは建築としては可能性があるなと。素材の話であったりとか、そういうことが、自然素材をいっぱい使ってきてるけど、そういう話でもっと新しい自然素材の作り方っていうのは、ディティールで表現できる、実験できる、その屋根面にどう使うとか、っていうのはディティールの話であって、コストも、このぐらいのモックアップであれば、今の建築界でもできる話ですし、っていう話では、新しい可能性があるかなと…。

藤村　まあ、新しいし、懐かしい(笑)。わかりました。

大野　ありがとうございます。

藤村　昔の場合は建築というか、どっちかというと建築教育に対する不満だよね。

優秀賞・JIA賞

ID:70

小黒 雄一朗

九州大学
芸術工学部 環境設計学科
4年

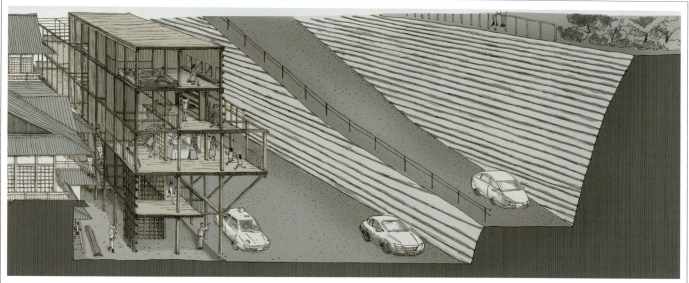

## 07. 道後温泉と連動する仮囲いの時間

 みる人の動線　 なおす人の動線

**PHASE1**
〈工期1〉

・雲の湯女子浴室の撤去部分を処分。
・又新殿・霊の湯棟の内外部の各種修理工事、屋根の葺き替え工事及び浴室の改修工事。

工事現場の事務所や道後温泉が本来持っていた入浴機能などの主要な機能を持ち始める。

**PHASE2**
〈工期2〉

・玄関棟と、事務棟及び中央廊下との取合い部分を解体する。
・二階の渡り廊下、及び南霊外壁、霊棟の二階西面下屋及び付属便所を解体する。
・既存の浴室を解体し新たに浴室を改築する。

街の動脈として機能すると共に、改修をエンターテイメント化する施設へと成長していく。

**PHASE3**
〈工期3〉

・事務棟に接続する北側事務所、神の湯棟両面の又新殿の取り合い部分と付属便所を解体する。
・神の湯の浴室及び霊空間廊下を処分し、新たに浴室及び廊下を改築する。

改修が日常を作り、日常が改修を促す。街の核として集まる空間となる。

**PHASE4**
〈改修後〉

### 拠点一： 坊ちゃん広場

道後温泉横にある多目的な広場。現在は広場全体がイスやテーブルで覆われており、人の集う場として利用されず飲食店のフロアのようになってしまっている。分散した仮囲いが広場を囲むことによって、留まる空間をつくる。その結果広場は中心性をもち、祭りやイベントなどで利用できるようになる。

### 拠点二： 城跡自然公園

室町時代、湯築に湯を求めて築城された城の跡地であり、現在は自然公園となっている場所。かつて天守から道後の街を見渡せたであろう場所に仮囲いは分散する。豊かな自然によってプライバシーの守られた少人数の為の外湯となり、街の風景を楽しむ新たな拠点となる。

### 拠点三： 遍路道の休憩所

遍路は古くから保養地であると同時に、四国八十八ヶ所めぐりで立ち寄られるポイントの一つでもあった。遍路道の途中に分散した仮囲いが置かれることによってお遍路さんと地域住民の休憩場所となると同時に、街の人々の気軽な入浴場ともなる。そこでは近年減ってきたお遍路さんと地域住民のふれあいの場となり、観光客には地域を生で感じられる場となる。

### 拠点四： 冠山

道後温泉のすぐ側にあり、湯神社という神社がある山。しかし冠山が周辺環境にとって物理的にも意識的にも障壁となってしまっている。そんな冠山の斜面にへばりつくように分散することで山と周辺環境を繋げながらも、改修の終わった道後温泉を見渡す絶好のポイントとなる。

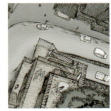 

### 拠点五： 住宅街の源泉端会議

繁華街の裏にあり観光地としての道後とうまく住み分けられている住宅街。そこで利用されていない源泉の周りを囲むように分散する事で、街の井戸端会議の場所になる。源泉を再認識し温泉地のアイデンティティを活かした溜まりの場をつくる。

## 『湯桁　時を囲う』

対象敷地は愛媛県松山市道後湯之町。街のシンボルであり重要文化財である道後温泉の改修工事中の仮囲いを建築化する提案。十年にも及ぶ改修過程をエンターテインメント化しながら、改修で処分される再利用可能な木材を吸収し成長していく仮囲い。改修後は街中に分散し、道後温泉の魅力を拡げ高める役割を果たす。重要文化財をただ守るのではなく、その変化に寄り添い共に歩む建築である。

### Presentation

私の提案は、松山市の重要文化財である道後温泉の改修工事の、仮枠組を建築化する提案です。対象敷地は、愛媛県松山市道後で、道後温泉を中心に栄えてきた街です。ここの歴史は古く、道後温泉を中心に、寺社や繁華街、歓楽街など、様々な要素を中心に発展してきました。道後温泉自体も形を変えながら、街のシンボルとして在り続けてきました。しかし、大規模改修の必要性が明らかにされました。大規模改修には10年の月日を要します。道後温泉のシンボルとしての存在感をセットバックするため、観光を財源としている街は次第に衰退していってしまいます。こんな何の変哲もない仮囲いに道後温泉が隠されてしまい、囲いには子どもの絵なんかが描かれるのでしょうが、子どもの絵を見に来る人は多分いないと思うので、やばいなという感じです。そこで私は、道後温泉の周りを囲む仮囲いを建築化し、改修過程をエンターテイメント化しながら、街の求心力とします。改修後は街中に分散し、道後温泉の魅力を広げ、高める役割を果たします。まずダイアグラムです。ベースとなる格子で、改修される道後温泉を囲みます。次に、処分される使用可能な木材を仮囲いに吸収します。そうすることで、仮囲いの中に段階的に内部空間が作られていきます。そして改修終了後は、仮囲いを解体し、街中に分離します。街の様々な要素に合わせて再構成され、新たな命を得て、街に残り続けます。仮囲いは、道後温泉の魅力的な要素を引き継ぎます。引き継ぐ要素は3点で、回遊性と、公共性と、遷移性です。1つ紹介すると、それぞれの棟を共有廊下でつなぎ、内部で回遊性のある形態をとっている道後温泉の要素を仮囲いが受け継いで、そういう動線計画とすることによって、改修の様子を様々な視点から見るという価値を得ます。分離後は、それぞれの街の拠点として機能し、それらを巡ることで街全体に回遊性を与えるという、道後温泉・仮囲い・都市、と要素が変遷していきます。こちらは断面パースです。このように右と左のように、場所によって使われ方が違います。これらが場所によって使われ方が違うのは、小売りごとに空間構成が変化するからです。まず、ベースの格子に動線があるときの状態が最初です。隣の面で改修が行われており、そちらで生じた木材によって内部空間を作っていきます。次に、改修はこの面がある時点です。こちらの軸は、工事と現物の空間が混在しており、工事の様子を身近に感じることができます。そして改修が終わった後の面となると、工事で用いていた空間に新たな機能が入ったりして、改修を楽しむための空間となります。道後温泉改修が終わり、仮囲いの必要がなくなると、街に分散します。例を挙げると、椅子と机で埋め尽くされた広場として、機能を果たしてない場所を分散した仮囲いで囲むことによって、広場の中心性を取り戻したり、街を見渡せる森の中に取り入れることで、すごい景色の露天風呂になったり、道後温泉の横を通る遍路道の途中に分散させることで、お遍路様の休憩所になったりします。ただ街のシンボルを守るのではなく、共に成長し、シンボルに頼るだけではない街へと生まれ変わります。

## Poster Session

小黒　自分の提案は重要文化財の道後温泉の改修中の仮囲いを建築化するという提案です。自分の地元が、愛媛県松山市の道後なんですけれども、こちらの道後温泉が耐震工事の問題がありまして10年間利用ができなくなるという予定があるんです。この街、道後の街のシンボルであって人を集める能力があるのはこの道後温泉だけで10年間もここが使えなくなるというのは、街全体が衰退していく原因になってしまう。自分はそれをどうにかしようと思って、改修の様子を周りから温泉に入りながら見れる。つまり、道後温泉の魅力を10年間守りながらも改修の様子を楽しみながら見るというような空間をどんどん作っていくという提案です。

手塚　改修するのは、えーと…

小黒　工期がありまして、こちらの棟から1期、2期、3期と順番に変わるんですけど、利用可能な木材も結構あるらしいんですけどその木材を使って壁材とか内部空間をつくる材料として使っていきます。そしてここを改修しているときには、こちらの内部空間ができていて改修の様子が楽しめるようになっています。ずっと、いたちごっこのように続く感じになっています。

手塚　改修を眺めるための建物なわけなの？

小黒　はい。あと、道後温泉の機能をその間助けるための、補完するための建築です。

手塚　泊まるところとかも入ってるの？

小黒　道後温泉は元々、軽食を食べるところと入浴をするところのみなので…。

手塚　そっか、そっか。宿泊施設まではなくて、ご飯食べたりなんだりってことね。

小黒　そうですね。

手塚　なるほどね。足場みたいな建物かぁ。

小黒　たまに足場になったりとか、それ以外のときは周りからの目線を遮るための囲いになってたりとか、そういうふうになっています。

手塚　なるほどねぇ。そうだね、わからんでもないんだけども。どこをどう工夫しているかってところが今ひとつまだ見えないところだな。

小黒　10年後は、こちらが街の中に点在するんですけど、こちらの仮囲いっていうのが道後温泉の要素、魅力的な要素っていうのを継承していくようになっていまして。道後温泉は元々、増改築を繰り返していて中に回遊する廊下があるんですけれども、こちらにその回遊性っていうのをもたせております。分散したあと、街の中に点在することによって街全体で回遊性を与えるような。スケールがどんどん回遊性という道後温泉の魅力的な。

手塚　分散するのはいつ？

小黒　分散するのは10年後終わった後に、このようにひとつだけ上に伸びて、こう街に目立つ場所になったりだとか。

手塚　じゃあ、これは移築するの？

小黒　そうです。移築します。

手塚　でも移築できやすそうな感じにはあんまり見えないけど。

小黒　そうですね。こちら全部縄で縛って作るのでほどいてデザインする場所によって、空間を再考させるという…。

手塚　これが終わったあとは引っ越すわけね？

小黒　そうですね。

手塚　わかりました、はい。

小黒　ありがとうございました。

――――――――――――――――――――――

内藤　場所はどこ？

小黒　場所は愛媛県の松山市道後です。自分は重要文化財の道後温泉というの改修の仮囲いを建築するという提案です。道後温泉が道後という街のシンボルなのですが、今後2017年から約10年かけて改修をしなければならないという予定がございまして、自分は松山の出身なんですけど、道後に道後温泉以外に面白いものがなく、街に人が集まるための場所だったんですけど、そこが仮囲いで隠されてしまうという…そこで仮囲いを建築化して、その中に道後温泉の入浴機能とか本来の機能を補完させたうえで、改修の様子を周りから見るという建築をつくりました。

内藤　は〜おもしろいね。そうですか、道後温泉は割と深くかかわっているので（笑）。

小黒　あ、そうなんですか？

内藤　道後の全体のアドバイザーをしているんですよ。（笑）。

小黒　そうなんですね（笑）。この街は道後温泉に頼りきっていて、すごくもったいないなと思っていて、この道後温泉っていう魅力をこの仮囲いを継承していって、たとえばですけどこの道後温泉っていうのがこの木材を今後改修しやすいように一新すると聞いたので、まだ使えるという木材を個の仮囲いが吸収して、内部空間をつくっていって、そこが回収の様子を見る場所になるんですけど、そうすることによって、道後温泉の回遊性だったりとか「外湯」という文化も道後では唯一特異なものなんですけど、そのようなものが継承されて、最後には分化されていって、最後には町の中に広がっていくという提案です。

内藤　はい。わかりました。

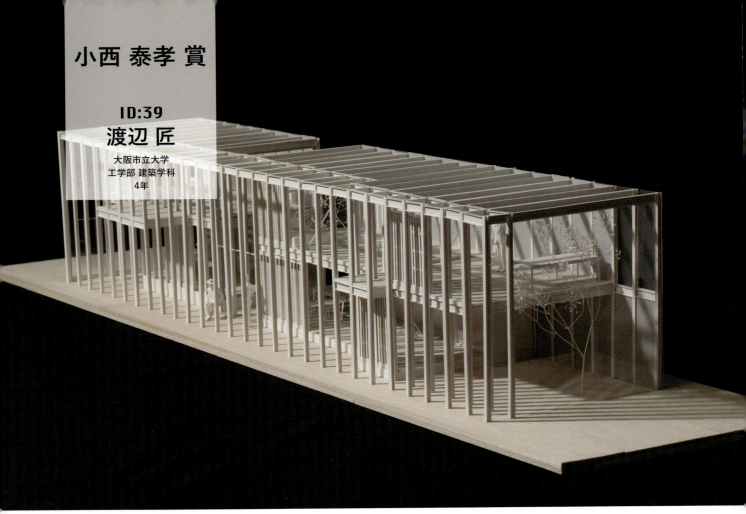

## 小西 泰孝 賞

ID:39
渡辺 匠
大阪市立大学
工学部 建築学科
4年

## 『module 978』

京都の街区システムから生まれ、京町家の全ての寸法体系をつかさどる、京間の畳 955×1910mm というアノニマスな寸法に、「978mm」という、とある新しいアノニマス寸法を挿入することにより、衰退する京町家を再定義し、次の時代の京都へとアップデートさせる。
これからの京都での住宅供給のあり方と、町家のあり方の再考。

**Poster Session**

渡邊　よろしくお願いします。敷地は京都なんですけど京町屋を対象にしてまして、京間という1910×955という畳から生まれた寸法体系で成り立つ京町屋に、ある1本の敷地から抽出した寸法を導入することによって、街をユニット化して新しい住宅供給のあり方を考えるという設計です。まず敷地から955グリッドをベースとする2、3、4、5のユニットを抽出します。昔の京都の町家の図面からなんですけど、それに対して柱、もともと京都の町家はダブルグリッドなので畳ベースなので、柱の配置間隔が微妙に違うっていうのがありまして、それに対して柱間隔を978mmに統一するかたちにしています。978mmに統一すると、指定した2、3、4、5グリッドの先ほどのズレっていうのが、敷居の幅と柱の芯からのズレに変換されて全部柱の125なんですけど、この間隔内に収まるというようになります。そのユニットの組み合わせ次第で敷居の幅が例えば80mm以上だった場合に、最小形の80×80のH形鋼が配置できてブレースが置ける。そのブレースが耐力壁になって空間分節にもなるっていう新しい京都でのプランニングのあり方を提案しました。

小西　柱は125なんですか？

渡邊　はい。125×125です。

小西　80角っていうのは何でしたっけ？

渡邊　80角のブレース用の柱です。

小西　柱。梁は？

渡邊　250の125です。

小西　ああ。ピッチが800？

渡邊　978です。978っていうのは敷地の内部から抽出されたユニットを基に作っているので、他の町に行くと978ではなく976だとか、別の数値が出てくるという。

小西　なるほど。京都の中でのこの町がそうなんですか？

渡邊　そうですね。町ごとに昔のユニットが出てくる。

小西　その125っていうのは既成のH形鋼を使っているわけですよね？そこに80角の梁を、柱をもってくると何か色々いいことがあるんですか？

渡邊　敷居の幅を80mm以上とれるって場合にブレースを置けるっていう利点の1つとして挙げられる。外見的には自分が定義する寸法で終わるんですけど、内部空間的には955のグリッドが残っているので、畳も配置できますし、昔の京都のフレキシブルな引っ越しの話だとか。

小西　なんで鉄骨なんですか？

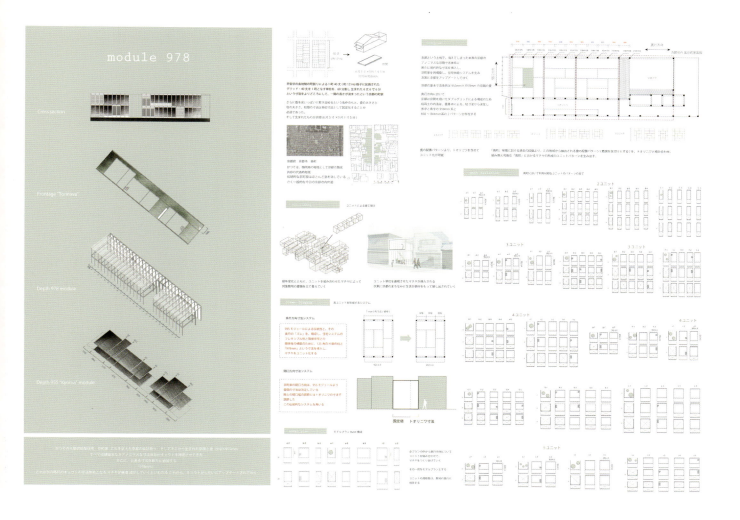

渡邊　もともと京都の町家は木造のモジュールに合わせた街区構成だったり、廃れてきている中で、町家が取り壊しになって建て替えるとなった時に、木造のモジュールはもう踏襲しなくてもいいはずなんですけど、そこで鉄骨に置き換えた場合にはこういう吸収のあり方を用いると木造の955のモジュールを踏襲できます、という…。

小西　その978というモジュールに、なにも鉄骨の125という規格の寸法を使う必要はなんであるんですか？

渡邊　元々の京都の町家の木造の柱というのは、120角をベースにしていて。

小西　それで。何か木造で120角でももってそうですね。雰囲気的に。ブレースなんか入ったりして、成立してそうな構造ですね。自分で考えたんですか？

渡邊　はい。全部揃っているので。

小西　フレームは綺麗ですね。ちょっと過剰なかんじがするので、ここまで細かい寸法でコントロールするとすれば、構造断面も細やかにコントロールしたらいいですね。多分、もっと断面が小さいような気がするので、印象としては細かく京の町家のモジュールを突き詰めたけど、鉄骨断面だけは全く関係ない。特にそれに倣う必要もないのが適用されいてるっていう印象なので、若干断面が大きいのかなって。そういうところから断面を…。80なんてサイズの鋼管柱自体はないんですよね。75とか。それは勝手に新日鉄なり鉄のメーカーがこういう規格を作りますって勝手に作っていて、我々がそれを買うことになっているんですけど。確かに研究がしっかりされて本来のニーズがこういう断面なんですっていうのが世の中にアピールできれば、そしてみんなが使うとなれば、鉄のメーカーはそういうのにあった寸法を、場合によってはもっとぴったりくるモジュール寸法を作ってくれますよね。鉄のメーカーがこの研究によってやった規格で用意すればすごく売れるとかね（笑）　その辺が抜かりなく組み立てられているってなると、鉄骨の通常の既成の断面に変化を与えられるっていうのはすごくインパクトがありますよね。今はそういうの関係なしに鉄メーカーの都合でやると変な寸法の断面がいっぱいあるんですけどね…。なるほど。ありがとうございます。これ、スケールは正しいんですよね？

渡邊　はい。正しいです。

## 手塚 由比 賞

**ID:64**
**杉森 大起**
立命館大学
理工学部 建築都市デザイン学科
4年

## 『道行きの闇(かどもり)』

日本人は古来より山林を神が宿る場として信仰の対象としてきた。
大いなる自然への信仰は希薄化し、林業の衰退に伴い山林が荒廃しつつある現代において、「木材の森林から都市への動線」と「人の都市から森林への動線」といった、2つの道行きの「闇」としての建築を計画することで、人と森林が再び共存共栄して行くための架け橋を生み出す。

**Poster Session**

杉森　「道行きの闇」と題しまして、立命館大学杉森が発表させていただきます。敷地は静岡県浜松市天竜区でかつて火を防ぐと書いて「火防の神様」を祀った秋葉山への心願植林以来、林業が栄えた地域です。現在では信仰は薄れて林業も衰退しつつあるので、ここに製材所と大工養成所と道の駅の複合施設を計画します。配置計画としまして、国道と原木を流す川と神社への参道の3本の軸が既存でありまして、その国道に対して道の駅、川に対して木場としての製材所など、参道に対して宿泊施設のプログラムを配します。設計手法としまして、「カルテジアングリッド」に則った大小のスケール操作を行うことによって、例えば、小さかったりすれば旅篭町としての空間を現代的に翻訳するところを演出したり、こういった参道の空間を現代的に翻訳した空間っていうのを生み出しています。

手塚　うんうん。新しく作ってる訳ね？
杉森　はい。新しく作ってます。既存はもう何もない…。
手塚　何もない、それで、もともとは林業が盛んだった。
杉森　はい、もともとは筏流しが行われていた集積場です。
手塚　そこにまた新しく作って、林業の復活というか、させようということで作ってるわけね。なるほどね。そうか…。屋根がひらひらしてるけどそれは？
杉森　これはかつて筏流しが行われていたこの地域で筏が漂っているようなイメージをデザインソースとして作っています。
手塚　なるほど。それでこっちが山になってるのね？
杉森　はい、そちらは山です。
手塚　へえ、そっか。それで旅館は、ホテルにしたのか。
杉森　ここが宿泊施設で、ここが製材する場所で、あちらが道の駅です。
手塚　はいはいはい、なるほどね。なんかでも雰囲気はいいよね。
杉森　はい。ありがとうございます。

## 内藤廣賞

ID:74
岡 美里
多摩美術大学
美術学部 環境デザイン学科
4年

## 『燃えた京島木造密集地』

私は放火をしました。私は塔をつくりました。私は京島を追い出されるおばあさんの悲しみをどうにかしたいと考えました。炎は家を燃やし煙を炊き上げ、ガスを瓦礫の山を作り、塔から出る煙に重なります。

木造密集地である東京都墨田区京島は接道不良な住宅が建ち並び、火事・倒壊の危険が 大きく叫ばれています。住宅地の癌とまで言われる 木造密集地の火事を私達はいつなんどき起こるかわからない。しかし、あり得ることとして共有しています。

放火と建築行為が等価に語られようとする時、私たちはその表裏一体をどう受け止めるか。

**Poster Session**

岡　場所は東京都墨田区の京島で大正時代から続く木造密集地なんですけど、大空襲でも焼けず残った地なんですが、火事や倒壊の危険から、住宅の癌と言われ立ち退き命令が言われている場所です。それで私は、破壊と建築が等価に語られるとき、私たちはその表裏一体をどう受け止めていいかという問いをこの作品でしていて、私は京島に火をつけるんですけど…。

内藤　(笑)。君が？君が？

岡　はい(笑)。

内藤　ええ(笑)。 八百屋お七みたいなもんですね(笑)。

岡　はい(笑)。それで人的な消火活動、RC造とか消火の設備とか、あと木造住宅の密集具合…。

内藤　これが現状なの？

岡　はい。こっちが火をマイナスする方のRC造とかで、こっちが木造の密集具合です。

内藤　それ以外は全部抜いたわけね。

岡　はい。こっちはRCとかを抜いたわけで、それを重ねた…。

内藤　逆転させたんだ…。

岡　はい。それらを合わせて、火の広がりが一番多い所と風向きというのを考えたある1点を私が出して、そこに火をつけて、そこから周辺地域が燃えたという…。

内藤　火をつけるのね(笑)。

岡　はい。その出火元には柱が一本残りました。

内藤　これはいったい何なの？

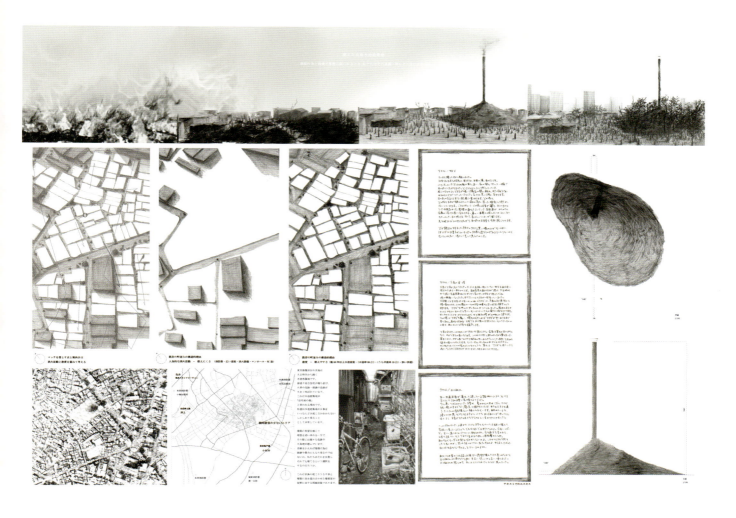

岡　これは瓦礫を全部集めて山にしたんですけど、その山がメタンガスを吐くので、その出火をもう1度食い止めるために建てたガス抜きの塔です。

内藤　ここが発火点なんだ。

岡　はい。

内藤　何のためにこれをしようとしたの？

岡　私は放火を宣言することで、建築家の性というか、そういうものをもう1度浮き彫りにして、建築って見方によってはもしかしたら暴力かもしれないということを問いかけて、一緒に考えたかったという作品です。

内藤　ほんとに(笑)？ほんとにそう思った？それともなんかちょっと面白いことをしようと、人を驚かそうとしたとかそういうのじゃないの(笑)？

岡　なんかメンヘラちゃんとか言われて…(苦笑)。

内藤　何それ(笑)。

岡　なんか病んで燃やしちゃっただけみたいに思われることが多いんですけど、暗いとか。そういうことじゃなくて、建築家はところどころエゴイストなところがあるというのを建築家自身が自覚をしなければいけない時が来るんじゃないかと思って、そういうものを設計に込められたらいいなと…。

内藤　マジでやったわけね。

岡　マジでやりました。

内藤　よしわかった(笑)。

岡　ありがとうございました。

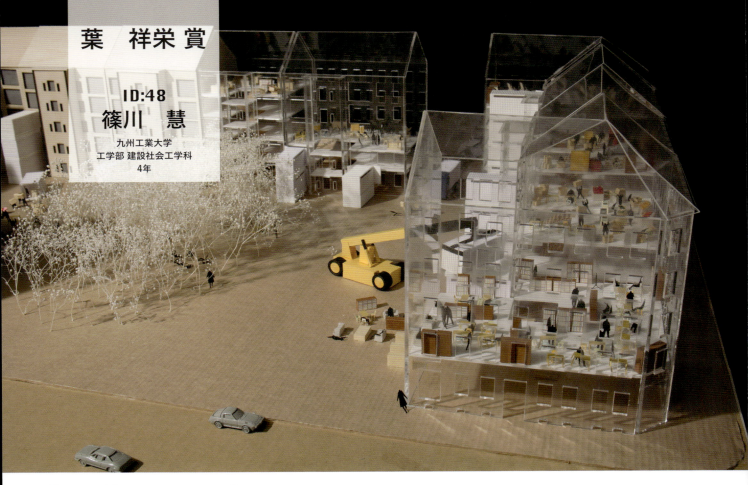

# 葉 祥栄賞

**ID:48**
**篠川 慧**
九州工業大学
工学部 建設社会工学科
4年

## 『マテリアルシティ』

現在の建物のあり方に対する新たなテーゼを示したい。近代以降、建築の用途は機能分化が進み、数々のビルディングタイプが生まれ、建築計画という分野が誕生した。しかしながら、機能分化が進行した挙句、ただのハコがまちを蔓延っている状況が生まれているのではないか。

本提案では、ビルディングタイプを分解し、整理、統合した結果生まれたアクティビティの種＝「マテリアル」が空きとなった空間に挿入されることで生まれる空間の可変性を提案する。

## Poster Session

篠川　お願いします。この背景としましては、近現代の建築の用途の状況っていうのはすごく細分化されていて、病院は病院でそれぞれの建築計画が存在します。一方で、私は建築という箱があって、それが色々な方向に、色々な用途に展開するという建築の在り方が必要じゃないかと考えています。敷地はドイツのライプツィヒという所で、89年に東西ドイツが統一されて以降、大量の空き家と空き地が発生した所です。私は空き地や空き家というのは建築の器としていろんな用途に展開できるのではないかと踏んで、敷地をライプツィヒに選定しました。

末廣　結局コイツにさ、コンテナを入れるっていう話なの？

篠川　そうですね。コンテナが規格化されたツールなんですけど、それがライプツィヒにやって来て、空きとなった空間にドッキングします。ドッキングしたことによって空きとなった空間が、これを「マテリアル」と呼んでいるんですけど、「マテリアル」の中に入ったものが繰り広げられて違う用途に可変するという提案です。

末廣　そうか。分かるけど、これが具体的なものなんだ。

篠川　そうですね。それぞれの既存のビルディングタイプで重複してる用途っていうのが数あると思ったんですね。既存ビルディングタイプを集約していって出来たものが、アクティビティの種となる「マテリアル」と定義して、それをコンテナの中に用途に合わせて入れていくと。

末廣　なるほど。話としてはありえなくはないかな、という気がするので、そんな悪くないなと思うし。空き家の使い方として別にドイツである必要性は無いのかもしれないけれど。特に、レンガ造的というかRCでも、カッチリしたやつの方がやり易いってのがあるから、それはいいと思うんですけど。ただ、できればこっちの方が、もうちょっと設備的なことがあっていいんじゃないかって気が俺はちょっとしてて。コンテナってなかなかそういうことが難しいよね。現実には配管だとか、そういう水回りの問題とかをどうするかっていう話があって。実際には、プラグインするとしたら、そういうインフラを上手くプログラムにした方が機能には役に立つよね。

篠川　そうですね、考えてたのは既存建築のスラブの高さとコンテナを20フィートコンテナっていうのはすごくズレがあると考えていて、その間にスペーサーなるものを入れていって、そのスペーサーの中に電熱器なりインフラなりを挿入していって、コンテナの中のインフラを整え

# MATERIAL-CITY

### 1 CONCEPT

現在の建物のあり方に対する新たなテーゼを示す。普段、身の回りを見回してみると、たとえば学校は学校っぽく建てられ、一目で学校だとわかるようになっている。病院や集合住宅、美術館なども同様で、病院は病院らしく、集合住宅は集合住宅らしく、美術館は美術館らしく建てられる。このような状況に慣れてしまったが、果たしてこのあり方で良いのであろうか。私は、もっと可変性のある建築に魅力を感じ、持続可能性の意味においても、大きな可能性を持つと考えている。用途、使われ方が大きく可変する建築。それが私が提案する建築のあり方である。

### 2 SITE

対象敷地として選定したのは、ドイツ、ザクセン州のライプツィヒである。旧東ドイツの工業都市で1989年の東西ドイツ統一以降、急激な人口流出を経験し、大量の空き家と空き地が生まれ、衰退した都市である。

### 3 MATERIAL

既存ビルディグタイプにおいて、機能分化が進み数多くの建築用途が生まれたものの、その機能には似通ったものが多い。本提案では、その機能を分解し、マテリアルと呼ばれるアクティビティの種に整理した。以下はそのマテリアルの整理のスタディである。

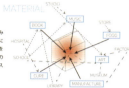   

ていくという考え方が現実的じゃないかとは考えて、何個かスラブに挿し込んでいってという風に。

末廣　だったら、ひょっとしたらさ、縦のシャフトが追加するんじゃないの？排水とか、給水とか。だから特にあなたの提案っていうのはかなりテクニカルなところがある。ちょっとメタボリスティックな昔の提案に近いところもあって。そういう意味では、そこら辺の技術的なところをもうちょっときちっと押さえて行った方がよくなるかなぁ、という気がします。いいと思います。

――――――――――――――――――――――――

藤村　これはどの辺が現代的ですか？

篠川　空家・空地というのは世界各国で様々な社会問題になっていると思うんですが、その空家を肯定してネガティブな要素と捉えなくて、それが結局色んな空間に可変するという点で、かつてなかった考え、それを是としてそれに入るものを制御してあげることによって空間を改変するという点で現代的かなと考えています。

藤村　現代的な、社会的な課題に応えているという点では現代的だと思いますけど、コンテナの中に入っている「マテリアル」と呼んでいるこのエレメントが何かばら撒かれる感じが、建築的な主題なのかなと思うんですけど。それを可能にする床の表現が、躯体が透明だからそう見えるのか、あるいはそうでなくても見えるのか。実際は床はあるんですか？

篠川　はい、あります。全層に床があります。

藤村　わかりました、どうもありがとうございます。

## 藤村 龍至 賞

**ID:80**
**荻野 克眞**
芝浦工業大学大学院
建設工学専攻
修士課程2年

## 『建築設計関係者との協働設計プロセスから生まれる建築』
### -Google Earth を利活用した見沼区周辺リニューアルプラン官学連携まちづくり研修-

様々な情報を考慮に入れた社会資産性の高い建築をつくるためには、利用者等からの声を設計の上流段階で取り込む必要がある。そのような自身の考えから、自らワークショップ（研修）を企画し、行政（さいたま市見沼区役所）に協力を呼びかけ、ロールプレイによる建築協働設計を実践した。関連情報をGoole Earth上で3次元及び4次元的に関係者と共有し、BIMツールによって関係者間の認識の溝を埋めていく協働設計手法、段階的な問題発見と解決を繰り返し意思決定していく問題解決型設計プロセスモデルを背景とした実践を基に、社会に広く愛される公共建築を提案したい。

**Poster Session**

荻野　行政に協力を呼びかけまして、実際にこの建築の設計を建築以外の人と行いました。共同設計プロセスを全部で5フェーズに分けまして、各フェーズ毎に問題解決すべき項目を挙げながらこれらを忘れずに建築へと統合していくことを気をつけました。各研修としているのがワークショップで、情報共有のプラットフォームとしてGoogle Earthというものを使いました。これが実際のモデルになりまして、実際の提案物の3Dモデルであったりとか、風の解析であったりとか、3次元的かつ4次元的に関係者との共有を図ることによって、設計者と関係者の関係を埋めていくような発見的な共同設計プロセスというものを実践しました。

藤村　例えば、どうやってフィードバックするんですか、これは？投票するの？

荻野　投票ではなくて、意見を出してもらって、その意見を各キーワードで分類しまして。その推移を見て、例えばこの案であったらここが評価されているなど、各案の特徴を見つつ、1つをベースにして案を統合させていきます。基本的にはアンケートではなくて、議論を全部立ち上げてそれをキーワード毎に分類して、キーワードの推移を見るという…。

藤村　その記録というのは音声記録？

荻野　そうですね。あとは議事録だとか、コメントはすべてGoogle Earth内に蓄積して、常にこれを閲覧しながら設計を進めていくようにしました。

藤村　なるほど、わかりました。これはさいたま市？

荻野　さいたま市の見沼区です。僕は芝浦工業大学で、近くの行政に呼びかけて協力していただきました。

# 建築設計関係者との協働設計プロセスから生まれる建築 -Google Earth を利活用した見沼区役所周辺リニューアルプラン官学連携まちづくり研修-

## 6. 建築の概要（図面／パース）

# 末廣 香織 賞

**ID:06**
**中津川 毬江**
東海大学
工学部 建築学科
4年

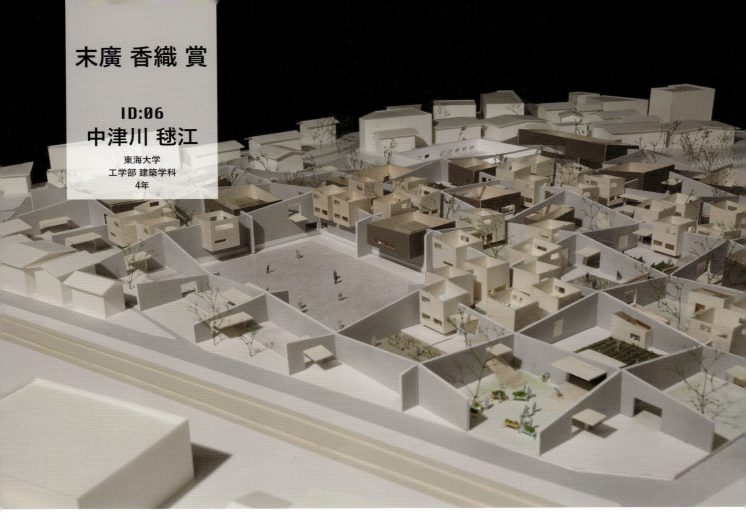

## 『日常は壁一重』 －街と家族が寄り添う少年院－

　1枚の壁に覆われていた少年院をグリット上に配置し、街を取り込む計画を行う。配置した壁（街壁（まちかべ））内に収まることなく、建築を介して隣の区画と関係を持つ。街壁同士の行き来は扉を利用し、扉はひさしや床となり、空間同士を緩やかに繋げる。少年院と街、そして2つが混在する。地域性を活かし伝統工芸を直に学ぶことで、机上の学習を体で学んでいく。少年たちは徐々に街へ溶け込んでいき、家族と共に出院を迎える。

**Poster Session**

末廣　これは何だろうって思ってたんだよね。
中津川　一つ一つが寮になっていて、各寮が今4か所に配置されていて、その寮は家としての機能として街の一部になってる。
末廣　この壁をガーッと作ったのはどうして作ったの？
中津川　本来一部じゃないですか。あえてグリットに分けていることによって、街がこの中に、今までは100パーセント街と100パーセント少年院だったのが、グレーゾーンができたり、あと街が中に入ってきたりできるようになってます。
末廣　なるほど…。分かったような分からないような…。複雑だよね。
中津川　はい、そうですね(笑)
末廣　そうなんだよね。分からないっていうのは、多分ダイアグラムが足りないんだね。どこがセキュリティラインで、どこがグレーゾーンでっていうのがパッと見で分かるダイアグラムが欲しいよね、1個。
中津川　それが、時間によって、少年院が動いている時はこのくらい街も共に入ってくるんですけど、少年院が眠る時は少年院になっていくっていう…。

末廣　それは分かるけど(笑)。それでも、多分整理の仕方で、あくまでもセキュリティがかっちりしてる所と、割とオーバーラップする所と外があるはずでしょ。それをやっぱり明確にしてないと、ちょっとあなたのプロジェクトの良さが活きてこないな、と。結構広いんだけど、こんなに広い必要があるのかよく分からないな、と思いながら。どっちにしても考え方は面白いと思うので、そこの仕分けが明確に見えると良かったなっていう気がします。あと、これだけの模型だから、屋根がどうなってるか全然分からなくて、それが建築としてはちょっと弱い。
中津川　そうですね、屋根は一応、一個一個にかかってる…。
末廣　ああ…。そっかそっか。そこはちょっと適当な感じがするね。まだ、建築ができてない感じがして、これだけ壁を作る必要があるのかっていうのも含めて、もう少し熟れる可能性がありますよね。
中津川　はい(笑)。
末廣　だけど、面白い空間だと思います。
中津川　はい。ありがとうございます。

# 日常は壁一重
― 街と家族が寄り添う少年院 ―

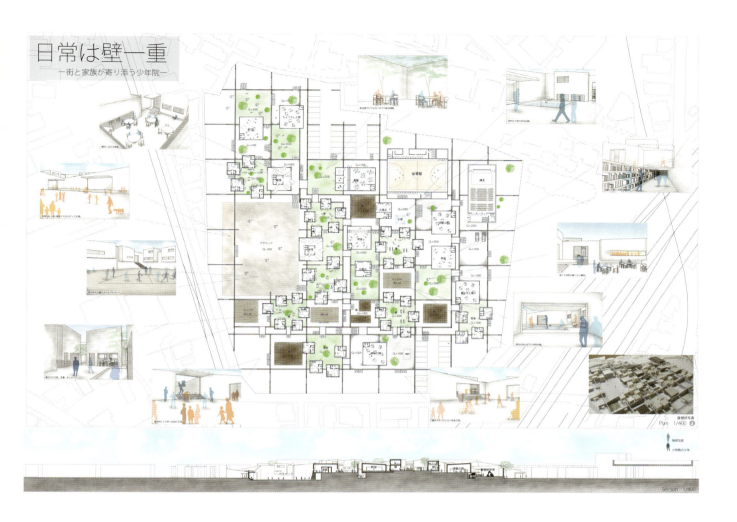

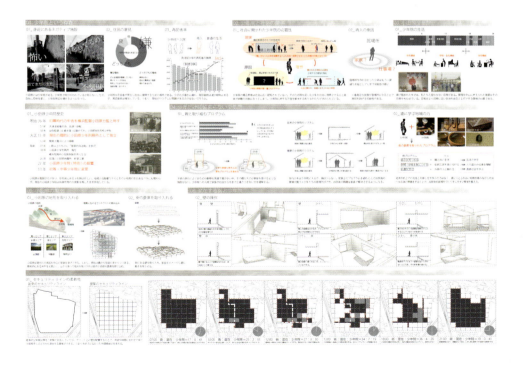

**12選
JIA賞**

ID:27

泊 裕太郎

西日本工業大学
デザイン学部 建築学科
4年

## 『記憶の拾継』 －空き家の利活用－

空き家の室内外に落ちている記憶（テクスチャ）を拾い上げ継承する。空き家の記憶の継承。空き家の利活用の新しいぼくなりの手法として「拾継型枠工法（しゅうけいかたわくこうほう）」を提案する。既存の木造空き家を内型枠とし、記憶（テクスチャ）をコンクリートで写し取り、内側に現れた表層をインテリアとする。

### Poster Session

泊　僕が提案するのは空き家に落ちている記憶を継承しようという提案です。その手法として「拾継型枠工法」という、空き家に落ちている記憶を拾い上げる、そういう工法なんですけど、手順としましては、既存の空き家と室内外に落ちている日用品というものを内型枠として、その周りに二次的材料であるコンクリートを打つと。その後全て型枠を脱型したら、コンクリートの内側に既存のテクスチャーっていうのが表層となって表れて、それをインテリアとする提案ですね。この拾継型工法をケース1、2と分けて、無人島ですとか、北九州市小倉北区長浜っていう空き家の多いエリアで行いました。

手塚　じゃあその空き家の廃材を集めて別の所へ持って行って、これを作っているってことなのね。

泊　元々の家のものを使っています。同じ大きさで同じ位置で、脱型した後の廃材は間取りに使ったり階段に使ったり、またそれを拾継したりっていう…。

手塚　なるほど。じゃあこれは、元々のこういう大きさの家があったってことね。

泊　そうですね。

手塚　でも、これを建てる場所は…？

泊　同じ場所です。

手塚　同じ場所に建てるわけね。

泊　はい。こういう風に凹凸とか出来たりしてこういう空間を作ったり、手すりとか洋服をかけるようなものに利用したりだとか…。

手塚　用途っていうのは何なの？

泊　新島の無人島の場合は、鹿児島なんですが、ジオパークといって観光の中の1つになっていて、観光地になればいいなと思って…。

手塚　なるほどなるほど。その島で打ち捨てられた空き家をそのまま使って、それを使いながらってことね。

泊　はい。観光地として、史跡のように。この長浜っていうのが史跡なんですが…。

手塚　なんか面白いような気はするんだけども。でも、それを使って作ったものが元々のものに勝る強さを持つかどうかっていうのがまだわからない所があるのよね。だから、潰さなきゃいけない理由があって潰す時に記憶を留めるものとして何か作るっていうことで、なんか潰さなきゃいけない理由が決まっていればさ…。

泊　あります。新島の場合は、島がどんどん浸食していってるんですよ。また、桜島も近いので火山灰によって埋没してしまうんですよね。

手塚　ああ、なるほどなるほど。そういう理由はあるわけね。

泊　あります。

手塚　なるほど。わかりました。

# 記憶の拾継
〜空き家の利活用〜

【拾継】しゅうけい：記憶を拾い上げ継承すること
【拾継型枠工法】しゅうけいかたわくこうほう：拾継による工法

思い出や愛着は意味の世界から自由な存在である。
空き家には、それの記憶（テクスチャ）として残る。
もと住んでいた人の家（建物）の記憶を拾継型枠工法によって継承し内側に現れた
表層をインテリアとする提案。
地球上に極少数な存在であり、箱の中の宇宙空間となる。

内観1　内観2　　　　　　　　　　　　　海中へ埋没（新島）

## 拾継型枠工法の手順

① 既存の木造空き家

② 空き家の外側に新たに基礎をつくる

③ 日用品を重機で釣り開口の位置へとはめる

④ 壁と日用品を内型枠としてその外側に配筋をする

⑤ 鉄筋の外側に外型枠を設ける

⑥ コンクリートの打設をする

⑦ コンクリートの脱型をする

内側にテクスチャの表層が現れ、これをインテリアとする。

----

泊　僕が提案するのは、空き家に落ちている記憶を継承しようとするものです。その手法として「拾継型枠工法」という工法を使います。

小西　それは一般用語ですか？

泊　いえ、自分で作りました。

小西　自分で考えたんですね（笑）。

泊　拾継って言うのが、記憶を拾い上げて継承するってことなんですが、拾継型枠工法の手順としては、既存の空き家とか道を引いて、内型枠としてその周りに二次的な材料であるコンクリートを打って、最後に型枠を脱型すると。そしたら内側に既存のテクスチャーが表層に現れて、それをインテリアとする提案ですね。

小西　これは中ですか？外？

泊　これは中ですね。

小西　外はどうなるんですか。

泊　外はのっぺりとした、打ちっ放しの…。

小西　中に既存の色んなものを内型枠として、コンクリートを打っちゃうと。

泊　この工法をケースとして二つあげてるんですが、鹿児島の新島っていう無人島と、北九州市小倉の長浜っていう空き家の多い所で行いました。

小西　既存の建物に合ったものを利用していると。そして、型枠を作ると。

泊　そうですね。この大きさも場所もそのままの記憶を。凹凸などができるんですよね、脱型したら。それを空間に利用したり、ハンガーを掛けたり…。

小西　凹凸っていうのは？

泊　溝とかあるじゃないですか、家具だったらタンスとか。そういう溝が転写されることで出っ張るんですね。そういうものをハンガー掛けにしたり、家具とかを拾集したらこういう空間が出来るので、その空間をまた違う利用の仕方に使ったりとかです。

小西　家具とかをここにがばっと入れて？

泊　そうですね。

小西　じゃあ細かく板状にするんじゃなくて、何でもかんでもあるもので押さえて…。

泊　そうですね。テクスチャが記憶っていう。

小西　これはRC造ですね。ここは結局こうなると。

泊　はい、そうですね。中とかも。

小西　家具かなんか入れてそのままバラしちゃえば…。じゃあ思い出の家具も捨てるけどここに残ると。

泊　可能性としてはここにスケッチしているようなことが、一部として挙げられるかなと。

小西　それで施工費が安くなるとは思えないですが。

泊　この真島っていう離島の場合は観光地なんですが、鹿児島の史跡にして観光地化していこうと考えていて、施工費とか運営費も賄えるかなと考えています。

小西　なるほど。ありがとう。

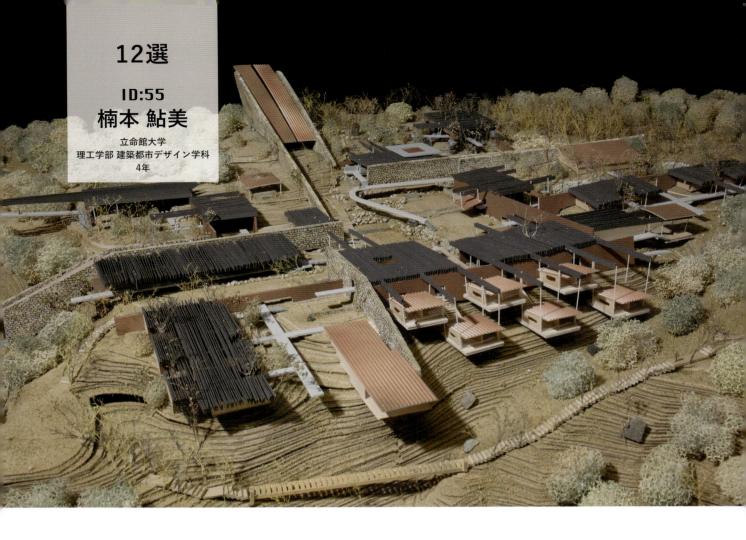

## 『天涯に祈る』— 崩れと対峙する天涯の英雄祈念館 —

100年を超え、命懸けの砂防工事が続けられている天涯の地、立山カルデラ。ここにあったかつての砂防工事の拠点、「立山温泉跡地」に残された遺構を「吊り床構造」によって保護し、幾度となくすさまじい崩れと対峙してきた砂防工事関係者の歴史を発信するための「天涯の英雄祈念館」を設計する。

**Poster Session**

楠本　かつての砂防工事拠点跡に残された遺構や自然に触れながら、ここでの防災の歴史を発信することができる記念館を計画します。敷地は富山県の立山町にある立山カルデラです。ここは日本一の砂防地帯であり、沢山の方々の命が奪われてきました。計画地はこのカルデラの中心地にある立山温泉跡地です。ここはかつて砂防工事の拠点であり、今現在このような遺構が残されています。この遺構の上にそれぞれの遺構に合わせた展示空間、宿泊施設を配置していきます。構造形式として吊り床構造を用いることによって、遺構を破壊することなく遺構を発信する生の歴史に触れます。さらに周辺の谷や山に突き出して吊られることにより、ありのままの自然を壊すことなく、厳格な山の自然を感じます。こうした自然と遺構の関わり合い方から、防災の歴史を伝える展示空間を作っていきます。例えば、森と一体化した展示空間では幾度と無い崩れに立ち向かう茨の道を演出したり、遺構の片隅でかつての工事を発見したり、谷に突き出た展示空間でかつて家族との唯一の連絡手段であった赤電話を発見することにより、この場所が人里離れた天涯の地であることを感じ取ります。そして、温泉館で自然の恩恵を感じ、最後に祈りの空間で背後にそびえる霊山の立山に向けて、殉職された方々に向けて思いを馳せる空間とします。遺構として防災の歴史を発信するだけでなく、殉職者の想いも未来に受け継いでいく場となることを期待しています。

手塚　これは何？木なの？

楠本　これはPCです。

手塚　PCを梁にしてるわけね。壁を新たに作って、そこにPCを載せているわけね。なるほど。

楠本　それによって展示空間が吊られていると。

手塚　展示する部分が下にあるのね。雨は？ガラスを張るということ？

楠本　ガラスを張ってます。この梁によって光がこのように落ちる。

手塚　なるほど。なぜPCにしたの？

楠本　PCの方が梁を量産しやすいと思いまして。

手塚　やってることは面白い。それを残す美術館とか博物館にしてるわけでしょ。それはいいんだけど、なぜこの壁を使うかとか、なぜこれをPCにするかみたいな必然性を、砂防で使っていた何かで言えるとか。その辺のストーリーが言えてくると説得力が増すかなと。

楠本　組積造は崩れによって出てきた石で用いたり、そういう意味があったりします。

――――――――――――――――――――――――――

内藤　今この砂防ダムは使われていないんですか。

楠本　使われています。今現在も行われていて、今後も行われていく予定です。

内藤　どこが砂防堰堤で、どこがそうでなくてっていうのは？

楠本　ここが川なんですけど、この川がずっと砂防堰堤が作られていく場所になっていて…。

内藤　君のこの辺りにある、その遺跡とか何とかって言ってるのは、何なんですか。

楠本　それはかつて作業員が暮らしていた建物の事務所とか宿泊施設です。

内藤　砂防堰堤そのものじゃないんだね。

楠本　砂防堰堤そのものは、体験学習会っていう学習会で見ることができて、私はその体験学習会だけではそこの人たちの歴史を感じ取ることができないと思いまして。

内藤　分かった分かった。この黒いのは何、これ。

楠本　これはPC材で作った、床を釣るための構造体となる屋根です。

内藤　これは、元々あった？

楠本　これは遺構は建物の基礎だけしか残されていなくて…。

内藤　これはあなたが作ってるの？

楠本　はい。

内藤　砂防堰堤をどこかに作ったらよかったのにね。こっちとか（笑）。

楠本　実際はこの辺とあの辺にあります。でもここで見る必要はないと思っていて、すでにここに来るまでの体験学習の流れで見ているので。ここでは、あくまでここで暮らしていた人の歴史を感じる場所としたいと思いました。

内藤　ここで砂防の話を聞くとは思ってなかった。建築の人は砂防のこと知らないからね。

楠本　私が震災があった場所に昔住んでいたので、それで砂防についてやりたいなと思って。

内藤　ああ本当に。砂防法っていうのは一番強い法律で、法律の中では。

――――――――――――――――――――――――――

藤村　皆さんに聞いてるんですけれど、どの辺が現代的だと解釈されますか？

楠本　私は、今までに無かった点としては吊り床構造を主な構造として用いている部分と思っています。

藤村　吊り床のテンション自体はさ、メタボリストたちもよく使ってて、菊竹さんとか使ってると思うんだけど。それをこういう場所で使ってるのが、今までに無い考え方とか、そういう感じですかね。

楠本　はい。遺構の上に建築を作ってるっていうのも。残された壁とかの上に作ってる作品とかもあるんですけど、私は真上に乗っけるんじゃなくて、それに触れることなく壊すことなく空間をめくっていく建築としています。

藤村　遺跡空間としてね。

楠本　はい。

藤村　分かりました。それが一回戻るといいんですけどね。例えばその遺跡との関係が、公共空間としての考え方としては何かヒントが得られるんじゃないかと思うんだけど、遺跡から得られることが聞かれて語られるという気もするんですけど。

## JIA賞

**ID:68**
**加藤 樹大**
九州大学
芸術工学部 環境設計学科
4年

## 『桶屋が儲かる。』

風をパラメータとして建築空間を思案する。風で建築はつくれるし、建築で風は導き出せると思った。
風が吹けば桶屋が儲かるように、風が吹けば町や建築は、もう少し良くなる。

**Poster Session**

加藤　簡潔に説明すれば風をパラメーターにして、建築空間を思案するというものです。
内藤　それでおしまい？
加藤　簡単に言ってしまえばそうですね(笑)。風で建築を作って、建築で風を導いて、色々な風の向きだったり強さだったりで、風水も多分そういう風に決まっていると思うんですけど、そういうシーンを色々集めて作っていくというのを4つの敷地で考えたものです。
内藤　場所はどこ？
加藤　場所は僕の出身地で、埼玉県熊谷市です。
内藤　暑いところか。
加藤　はい。
内藤　あそこは人が住む所じゃないよね(笑)。
加藤　そこで18年間過ごしていて、土手がクールスポットとしてとても涼しいので。荒川から涼しい風が流れるんですけど、どうしても土手だったり住宅だったりが壁となって上に流れてしまうから、それをバードギル、風受け塔で上空のものを受けてGL、人がいる場所に流して建築から風が吹いていくっていうのを最初に構想しました。
内藤　これシミュレーションか。
加藤　はい。
内藤　これ、シミュレーションでわかるけど、実測とかした？
加藤　実測っていうのは、風がどういう風に向いているかとか風速とかですか？そこまではしてないんですけど、風向と風速はある程度まで調べています。
内藤　ちょっと勉強的な話で言うと、シミュレーションで出したやつと本当は同じ風が吹くかどうかっていうのは、部分的に実測値でとらないと、あれが合っているのか分からないんだよ。
加藤　ただ、シミュレーションソフトが100万円って言われて、無料ソフトで頑張ってやった結果なんです(笑)。
内藤　(笑)。
加藤　そこは、スタディ不足です。
内藤　分かりました。この形にすると、要するにいくつかの形をつくりながらシミュレーションソフトでやっていったってことなのね。
加藤　そうですね。
内藤　最初にこの形を思いついたのはどうして？
加藤　1番最初は、これですね。1番プレーンなんですけど、こっちから風が吹いて、それを開口で受け止めて、GLに流し

「桶屋が儲かる。」

"風"をパラメータに建築空間を思案する。
風で建築の形態をつくられ、建築で風は導き出せると考えた。

風上にキッチンがあれば、シチューの匂いが家を巡るかもしれない。
建築が風風機のようになっていれば、人はそこに集まってくるかもしれない。
風の潮流によって住まいでは居場所を変えていくかもしれない。

風が吹けば桶屋が儲かるように、風が吹けば建築空間はもっと豊かなものになる。

風上 ⟶ 風下

涼しい陰　クールスポット　風上にキッチン　道になる　洗濯物が乾く　吹き下りる　染め物が乾く　狭い空間　外に向けて流れる　一点注視　足下に風が吹く　扇風機

風上、風下、風の強弱、風の向きなど、建築内を流れる一つの風に対して
描かれ得る空間や多様なシーンをつなぎ合わせて全体を構成していく。

---

て、そこが広場になるかもしれない。
内藤　かもしれない？
加藤　確信ではないですけど、平均気温より2℃涼しい風が吹くはずなので、きっとそこに人が集まるんじゃないかなというのが最初の構想で、風の向きを変えていったら壁が曲面になっていたり、GLに流すんだったらボイドが下に向いていたりとか、色々なスタディをした結果です。
内藤　えっと、大体風ってどれくらい気持ちいいと思っていますか？
加藤　大体風速4mくらいが涼しいと感じられるそうです。ただその、涼しいと感じられるだけではなくて換気としての微弱なドラフト効果だったりで生む風で建築を作ったりもしてました。
内藤　わかりました。僕こういうの結構詳しいんで(笑)。

―――――――――――――――――――――――

末廣　絵がきれいね。うまいね。
加藤　ありがとうございます。
末廣　風で建築を作ったってやつね。これでわからなかったのは…これ、何(笑)？
加藤　フロースクエアっていう無料ソフトでのCFDなんですけど。
末廣　やってみたんだ。
加藤　はい。
末廣　ただ、これとこれが結びつかない。それはなんかある1断面でやってるのか。
加藤　そうですね。断面だけでやってますね。平面は1つはスタディですけど。スタディとシミュレーションの反復で。
末廣　なるほど。
加藤　あまりこれが確証づけて風がこう流れるんだよっていうのじゃなくて、視覚的にこういう風に流れてますっていうのを提示しました。
末廣　あとさ、いっぱいあるのはどういうこと？

加藤　色々な風に対しての扱いがあるなぁと思って。ただ1つのことに解答を与えるのじゃなくて、色んな風に捉えられるなと思って、いろいろ用意したって感じです。
末廣　それがよくわからなかった。「どういうこと？」みたいな。あ、それぞれでやってみました、ってことなんだ。
加藤　はい、4つの敷地で。一応テーマもそれぞれあるんですけど、抽象的なのでここでは控えます。
末廣　そうですか。住宅でやってるけど、これやるんだったら集合住宅的なのでよかったかもね。こっちのほうが素直に分かりやすいってのもあるんだけど。本格的にシュミレーション3Dじゃ出来ないっていうのもあるかもしれないけど。もっと風自体をどういう風な形で使うかというストーリーを作って、集合住宅的なもので風が連続するというか、そういう風にしたほうが風の通り道が見えたかな。
加藤　集合住宅ではないんですが、敷地を飛び越えるというか…。あの住宅だったらボイドが横に連なってるんで、南東方向から流れた風が縦の方向に流れていくので、空気は繋がっていく。けど敷地は離れている、っていうような風の扱いです。
末廣　はい。まあ面白いと思います。ただ、何かバラバラ感が否めない。そこが惜しいなぁと。バラバラなだけに風の流れみたいなのがこの絵みたいに感じたいところなんだけど、模型を見るといまいちそうじゃないんじゃないかな、という風に見えて。どっちかというと、あなたのこのスケッチはとても上手いからスケッチとか絵とかのほうが勝ってて、ちょっとこっちが弱くなってるかなと。
加藤　一応風の流れは風鈴で表現しているんですけど…。微かすぎてちょっとわかりづらいのはあります。
末廣　そこはちょっと弱いけどね(笑)。でも絵は上手いね、いい才能だね。

36

JIA賞
ID:07
森 隆太
九州大学
工学部 建築学科
4年

## 『parametric elements』

劇場や美術館などは閉じた箱物の建築である。
お金を払い、時間をかけて作品を鑑賞する。
そこで、非日常的に仕切られたそれらの空間を交通空間と絡めることによって、
もっと身近で日常的な空間とする。
一つのユニットが全体のエレメントとなる建築。
様々なプログラムに応じて拡張できる仕組みを用いて、
天神・明治通りに大きな音楽・文化施設を設計する。

## Poster Session

森　場所は福岡の天神の明治通りという場所です。ビルとビルの間に建ててます。都市の交通に建築を拡張するというコンセプトでやってるんですが、ビルとビルの間に新しい動線を作って、そこの動線の間に劇場だったり美術館だったりを埋め込んで、さらに地下鉄空間とかビルのオフィスの空間とかがいろいろ混ざるような設計をしています。

内藤　斜めが好きなの？

森　そうですね。斜め好きですね。

内藤　ははは（笑）。要するにこれは構造的に折り紙みたいな接板を考えて、それを実際の建物に適応してみましたっていうそういう話なんだ。

森　そうですね。ユニットの組み合わせ方と、あとそのユニット自体が変化することによって場所に適応して…。

内藤　こんな面倒くさい場所選ばなくてもよかったよ。

森　そうですね。都市の複雑なのを、どう解けるかというのをやりたかったので。このシステムを用いて、建築を交通に絡めることができないかっていう風に考えました。

内藤　面白い。迫力あるけどね。

――――――――――――――――――――

森　ユニットを使っていて閉じた箱が拡張していって、それが2つの動線に分けるようなユニットを組み合わせることで空間を作っています。そのユニットの組み合わせによって直線的に抜ける空間があったり、斜めに抜ける空間があったり、上れるように、螺旋のようになったりっていう組み合わせがあるので、そのモデルを用いて、例えば地下鉄があったら直線的に抜けていくとこであったり、上っていく動線とかがあったり、そういうのを場所によって使い分けることで空間を作っています。そのユニット自体も色々な形に変化することによって、その空間に適応した形にしています。

手塚　このユニットって何で出来てるの？

森　ユニットは…実際の話ですか？

手塚　君のイメージ。

森　イメージは鉄骨造で…ユニットって言ってるんですが、くっついてしまったら折り曲げ構造みたいな感じになると思うんですが…。

手塚　え、それだけで出来ているわけ？

森　はい。基本それで出来ています。電車とか地下鉄とか車とか、スピードの違うものが1つの建築の空間に入るっていうことで、都市のダイナミズム的なものも感じられる建築になっているんじゃないかなと。

手塚　一応基本的にはこれそのものが構造になって、繋がってくってことで別構造はなくて済むというイメージでやって

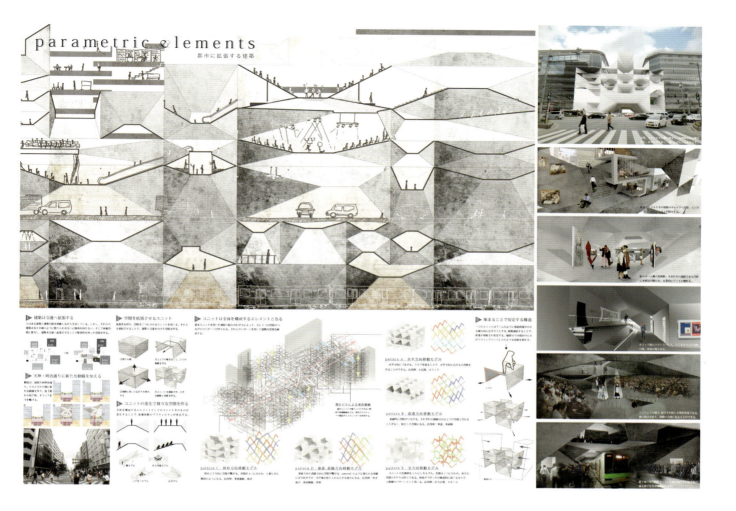

# parametric elements
都市に拡張する建築

　　んだよね？
森　そうですね。構造としてはこれ1つだとフニャンってなってしまうんですよ。上から押したときにドームみたいな感じで、ここがフニャンってなってしまうんですが、例えばいくつかくっつけることである程度強くなって、さらに既存のビルがあるので…。イメージなんですが、フライングバットレスのような感じで構造的には強くなるのかな、と思っています。
手塚　手法としては面白いと思うんだけどさ、ポジの部分とネガの部分が出来てネガの部分を殺しちゃうのはどうかなというところはあるかな。
森　設備とかが入るイメージで…。
手塚　で、必要に応じて床は足してるってことね。
森　床を足したり壁を足したりして作っています。
手塚　これはつなぎとしてあるけれど、これだけでは成立しないんだね。
森　そうですね。窓とかそういうのも出てくると思うんですが、基本構造としてはこれを用いて、くっつけることである程度強くなって、さらに既存のビルが都市の複雑な動線っていうのを解いて、そこに移動空間と建築空間っていうのを織り交ぜた建築を作っています。
手塚　動線ばっかの空間は解きやすいけれど、溜まる空間っていうのは作りにくいっていうことか…。
森　そうです。それも決め方によって溜まる空間が作れたりするんですが…。
手塚　なるほどね。実際に場所は想定しているの？

森　そうですね。パースでいうと、これはちょっと分かりずらいんですが。螺旋状でこういう場所で、模型では表現できてないですが、こういう風にスラブを巻いていったりだとか…。あとは、直線の空間にスラブを貼って美術館の通りにしたりだとか…。
手塚　え、何？既存と既存の間に埋めるようにして？
森　そうですね。オフィス間の交流も生まれるかなと…。あとは地下鉄が通っている所で、上に人が通っていて、地下鉄が通っているのが見えたりだとか、普段はない繋がりが生まれて面白い空間になるのかなと。
手塚　なんか溜まる空間もうまく解けてくると面白いかもね。

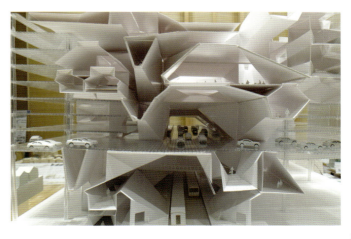

## JIA賞

**ID:31**
**佐伯 瑞恵**
九州大学
工学部 建築学科
4年

## 『渋谷山　螺旋寺』

現代人にとって馴染みのなくなりすぎた仏教を、古くさいを通り越してむしろ「新しい文化」として捉えることはできないか。
寺の「経営」と、原点である「信仰」という二面性をもった今の寺を問い、現在、日本、ひいてはアジアの文化発信拠点として変革を遂げている渋谷の街に、新しい文化としての仏教に触れる場としての寺をつくる。

### Poster Session

佐伯　私は実家が寺なんですが、昔は絶対的に信じられてきた仏教というものが今衰退産業に入ってるんじゃないかなと思って、生き残るためにはどうしたらいいかなと考えました。それで仏教ってかけ離れすぎて古くさいって思われるかもしれないんですが、古くさいを通り越して新しい文化っていう風に捉えられないかなと思って、それで新しい文化として捉えた仏教を体験できるようなアミューズメントパークとしての寺を作りました。構成としては現在の寺の経営と信仰っていう2面性があると思ったんですが、その2面性を機能で分けて、2つの機能別に2重螺旋構造にしていて、相容れないようで絡まり合っているような構成になっています。

小西　今そのお寺っていうのは渋谷にあるんですか？今は普通に建っている？

佐伯　いや、今はないです。

小西　あ、ない。そこに建てるの！

佐伯　はい。

小西　あえて渋谷に作るんですか？

佐伯　新しい文化として捉えたときにどこがいいかなと思って。文化としてこれから発展していこうとしてる街なので。

小西　アミューズメントって書いていますが、精神的なアミューズメントで、遊べるわけではない？

佐伯　そうです。遊ぶって感じではない。

小西　どういう人が来れる？近所の人が来れる？檀家さんとか？

佐伯　檀家も取ってるんですが、それより一般の参拝者というか普通の人が…。

小西　もっと来てくれて、上まで行けるわけ？

佐伯　はい。

小西　そうですね、すごい形ですよね。これは何で？何か目立つように？

佐伯　はい。目立ってキャッチーなようにしました。

小西　こういうのってあるんですかね？最近は建築家もお寺やったりとかしますけど、なんかこういうのってあるんですか、よく？

佐伯　形態には表れてないかもしれないんですが、アミューズメントパークってほどではないんですが、体験できたりするようなお寺は昔からあって。胎動巡りとか、清水寺のとか、そういう風な…。

小西　ああいうのも1つなわけですか？

佐伯　はい。

渋谷山　螺旋寺

"Buddhism"

仏教は「宗教」である前に「ism」である。
現代人の「ism」の選択肢の一つとしての仏教はありえるか。

檀家制度に支えられ、家業として成り立って来た今までの寺の
システムは、現在、崩壊の危機に直面している。

この過渡期にあたり、そもそもの「信仰」と、寺の「経営」と
いう二面性に着目し、精神的アミューズメントパークとしての
寺、それを支える庫裏（書院）という構成から新しい寺の形を
考える。

現代人にとって馴染みのなくなりすぎた仏教を、古くさいを通
り越してむしろ「新しい文化」として捉えることはできないか。

小西　なるほど。そういう人が来れば（笑）。はい。ありがとうござい
　　　ました。
――――――――――――――――――――――――――――
藤村　2つの機能というのは、2本の塔っていう意味？
佐伯　はい。相容れないんですけど、相容れないようで絡まっている
　　　ような構成にしました。
藤村　これは？
佐伯　それは遠くからみた様子です。
藤村　わかりました。これは一体どこが現代的ですか。
佐伯　密教寺院が都心にあるという点です。
藤村　立地が新しいというのは分かるんだけど、建築として建築の考
　　　え方として新しいのは？
佐伯　あ、はい。
藤村　例えばこういう不思議な材の取り合い方とか、なんかそういう
　　　パッチワーク感とか。
佐伯　あ。
藤村　少なくともなんていうかオリジナリティはあると思うんだよ
　　　ね。それが、説明できれば一番いいんだけど。
佐伯　今までいろんな宗派とかに分散していて分化していってるんで
　　　すけど、その宗派によっていろんな素材とか様式とかあってい
　　　るので、それをパッチワーク的に集まっているというか、って
　　　いうふうになりました。
藤村　わかりました。そういう全体が複雑な感じっていうのを、どう
　　　作ったかっていうあたりが結構面白いと思うので、もうちょっ
　　　と説明していただいてもいいかなと思ったんで。

# JIA賞

**ID:73**
**松岡 彩果**
九州大学
芸術工学部 環境設計学科
4年

## 『源』 — まちの社交場に住まう —

かつてつながりの中心がまちにあった。各家庭に風呂がなかった時代、人々は温泉利用により、つながりを得た。個人に1つが当たり前の現代、近くの人を頼らず、SNSにより遠くの誰かとつながりを求めている。別府の共同温泉が存続するためには温泉を求めてつながりを得る場ではなく、つながりを求めて温泉を利用する場になる必要がある。共同温泉に人を居住させ、まちの社交場として機能し、別府の伝統的な風景を守ることを目的とする。

**Poster Session**

松岡　敷地を大分県の別府市として、共同温泉という住民利用の温泉がたくさんあるんですが、そちらが公民館と一緒に形成されている所が多いので、公民館に街の温泉っていうことで、すごく街にとっての大事な場所になるんですが…。

末廣　何でこんなの作ってるの？何でこんな形してるの？

松岡　形はダイアグラムが3個あって、各市内に点在する3、4地域のそれぞれの道路配列から910×910のグリッドをとっていった形に、その上にこの2つのモジュール、この2つのモジュールはこの1820×3640のやつを、そのまま押し上げたやつから更にここに梁を通して足挙げたやつなんですけど、そうすることによって、空気が通ったり湯気が通ったり人の声が通ったりするという利点があるので、それを組み合わせて。計画的には、住宅機能と公民館的社交場と温泉の配列をそれぞれ組み合わせて、無理やり住宅の中を通らないと温泉に行けないとか、そういう動線を計画しています。

末廣　ところでさ、これだけ作って周りを作ってないよね？

松岡　はい。

末廣　周り作るべきだよね、これ。

松岡　周辺敷地ですか？

末廣　うん。隣がどうなってるかとかさ。

松岡　作ってたんですが、似たような感じだったので持ってこなかったです(笑)。

末廣　これをいっぱい見せて、いくつかあればいいんだけど。周りがないのはね、ちょっと惜しいというか。それが見えた方がいいよね？

松岡　はい。

末廣　だってそれの関係で活きてるわけでしょ？共同温泉だからさ、別府の街中に、このあなたが作ったやつがどういう佇まいでいるのかっていうのを、むしろ表現したがいいのかなって感じがする。それがもったいないな。

松岡　スケッチと、それこそ学内の発表では敷地模型を出してたんですが…。ちょっと連れてこなかった…(笑)。

末廣　(笑)まぁまぁまぁ…。

松岡　持ってくればよかったです(笑)。

末廣　写真でも持ってくれば、と思いますね。

――――――――――――――――――

内藤　町の社交場に住まう？

松岡　というタイトルで…。

内藤　別府ですか？

# 源 まちの社交場に住まう

減少する共同温泉 いつからかまちの社交場は観光客のものへ

温泉を求めて、つながりを求めて、つながりを求めて、温泉を利用させる場になる必要がある

もしも、まちの共同温泉にブロガーが住んでいたら

別府市の共同温泉が存続するために

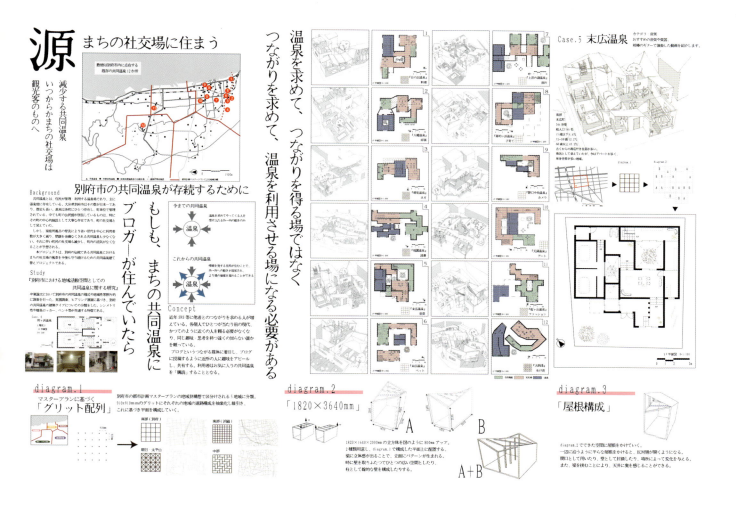

---

松岡　はい。大分県の別府市で、私の祖父の生まれた場所なんですが、郷土温泉ってご存知ですか？

内藤　はい。知ってますよ。

松岡　郷土温泉が日本一存在する場所なんですが、今、そちらの利用者が減少傾向にあるということで、やっぱり郷土温泉に公民館が併設されていることもあるので、街にとってとても大事な場所であるのに減少傾向にあるので、それを守っていきたいというのがまず背景としてあって。卒業論文でも郷土温泉について様々な研究を行ってきたんですが、郷土温泉を建て替えるというプロジェクトによって存続しようというのが、1番のコンセプトになっています。

内藤　共同温泉と公民館？

松岡　すでに併設している場所なので。でもそこだと、今書いているとおり、外から内に向けての動きしかないので、内から外に向けての動きをだそうということで、ブログというものに焦点を当てて。最近のSNSに見られるつながりが、ネット社会だけでなく、現実世界でも行われるべきじゃないか、というのがあって。そういう施設、例えばお気に入りの共同温泉とか…。

内藤　これについて説明して（笑）。どこが温泉でどこが公民館で、君が何を加えようとしたのか、っていうのを。

松岡　こちらの形でしたら平面図がこちらなんですが、今温泉の場所が青で、ピンクの場所が社交場で、緑の場所が住宅施設を持つ場所なんですが…。

内藤　これ、新築するのね。

松岡　はい、新築です。動線を社交場を通らないと温泉へ行けないか、住宅を通らないと温泉へ行けないという動線を取ることによって、様々な人が絡み合って、という感じにしています（笑）。

内藤　いいね。こういう出来たら入りに行くからさ（笑）。実現してくださいね。

# 公開審査
## COMPETITION

公開審査タイムテーブル
大会2日目
10:55~11:55　決勝選抜投票・議論
11:55~12:55　昼休み
12:55~14:55　決勝プレゼンテーション
15:05~17:05　受賞者選抜議論・全体講評

平瀬　急遽、葉先生に来ていただけることになりまして、駆けつけてもらいましたのでまず私の方から簡単にご説明させていただきます。葉祥栄さんは皆さんご存知だと思いますが、私も学生の頃からいろいろな影響を受けておりまして、慶應義塾大学経済学部卒業後、ウィッテンバーグ大学へ留学、葉デザイン事務所を設立されております。慶應義塾大学の大学院で教鞭をとられております。葉先生、一言だけ自己紹介していただけますか。

葉　一言お詫び申し上げます。急な体調不良で昨日欠席しておりました。建築家には責任があります。その倫理観が、今完全に薄らいできています。コンピューターを使ってますますいろんなことができる時代になってきているので、そこに注目してクリティークしたいと思って言いますのでよろしくお願いいたします。

平瀬　葉先生有難うございました。決勝進出者の決定議論は昨日のメンバーで、午後のプログラムから葉さんにも参加していただきます。それでは、決勝進出者選抜についてご説明させていただきます。決勝進出者選抜では、決勝プレゼンテーションを行う12名を決定していただく投票を行います。クリティークは一人15票でひと作品につき2票まで投票可能です。投票は、ステージ上にあるホワイトボードの作品一覧で行います。集計結果から議論し、決勝進出者12名を決定します。クリティークから出展者に質問があるかもしれないので、必ずこの会場にいるようにしてください。それではクリティーの皆様、投票をお願い致します。

【投票～集計】

平瀬　集計がもう少しかかりそうなので、この間を使って先生方にどういった趣旨や意図で投票されたのかコメントしてもらおうと思います。おそらく集計が出ますと、12選が決まりそうな感じですので、もしよかったら、そちらのテーブルでコメントいただけますか。いかがですか。

小西　15個選出するのがちょっと大変だったので、二票入れたのが4つでそれ以外は一票ずつ入れさせてもらいました。大きな差はないのですが、二票入れているのは、「がんばれ！」という意味も込めています。構成要素がしっかりしていて、何か概念が変わる予感がするものにいれています。あと、構造的に新しいものは、特にないですね。本当にすごくテーマが幅広いので、同じ土俵で選ぶのが大変でした。

手塚　私の場合は、15票一人一票ずつ幅広く入れてます。ちょっとでも評価される方が多い方がいいかな、と思ってそうし

ました。すごくいいなというのと、うーんどうかなというのも含めて入れてみました。一応入れる基準としては、それを作るにあたって自分のアイデアがどこまで一貫してしつこく追究できているか、というところを見ました。だから割と、そんなにすごくいいと思っていなくても、すごくガリガリやってるなとか、可能性を感じるなとか、すごい思いで仕事してるなとか、そういうものに方向性としてはどうかわからないけれども、なにか新しいものが生まれる可能性があるんじゃないかと思ってます。すごく一生懸命やってるなと思ったものに入れてます。

内藤　私が本当に入れたかったのは5作品ぐらいなんですけど、それ以外はできるだけ、違うものを選んだって感じです。いつもこの手の企画に参加して思うんですけど、票が少なかったり選ばれなかったりした人も、あんまりがっかりしないでください。それぞれみんな可能性がすごくあるので、今日の結果に左右されないでみんなの見つけた道に進んでもらいたいなあといつも思ってますね。良いものを出してきているので、それをうまく表現できなかったり、伝えられなかったり、説明の仕方が悪かったり、そういう事があって票が入ったり入らなかったりしているだけなので、今日の結果は今日の結果で、たくさん票の入った人は喜んでもらいたいけど、そうでないからと言ってがっかりする必要は全然ないということを、それだけちょっと言っておきたいと思います。

末廣　僕は、これから皆さん発表してもらって、それでここでお話をしましょうという事なので、入れる評価の基準としては、この作品について議論できるかな、しゃべれるかなという視点で選びました。なので、出来がよかった悪かったいろいろあるのですが、それなりのまとまり方をして、討論が現代的な問題に挑戦しているとか、新しい問題に挑戦しているとか、でそれについて何かみんなでしゃべりたいな、というような基準で選んでます。

藤村　私が選んだのは、青いシールが付いているやつですが、アイロニカルな言い方をすれば、パッと見たら設計が下手な人たち、なんだけど、実はものすごい現代的な人たち。歴史的に見たりどういう方法をとったかを見たりすることで、現代的だと言えるようなものに入れました。例えばですが、「記憶」って言ってる人がものすごく多いんですけど、昨日数えたら「記憶」だけで20個ぐらいあって。「記憶」「記憶」「記憶」「記憶」…。記憶で面白いなと思ったのは、それが社会批評であったり、建築の作り方になっていたら面白いなと思うんですけど、単に記憶を保存しますというのは、それは写真と同じですからあんまり面白くないんですね。その観点で、入れてないものから言うと、31番は最初はスルーしていたんですけど、よくよく聞いてみると、現代のお寺の在り方で精神的アミューズメントパークとして作ると言っていて、松山市内の家はそうなんだけども渋谷にこれを作って、お寺の役割を考え直すっていう、そういう言い方をされると、なるほどそれは提案としてとても新しいし。まあプレゼンテーションをパッと見ただけだとそれが全然わかりませんが（笑）

　もう一つ、例えば35番。ドバイに作っていて、これは記憶をもとにしてシークエンスを作る。記憶や感情をもとにして、これもメディアアートの人たちがすごくやっている事ですよね。そういう比較をすれば、建築でこういうメディアアートができるのかと、そういう見方をしました。あるいは38番とかもこれはサイコロ振ってるんですよね。これは昔、ラウル・ブンショーテンとかがやってましたね。サイコロ振って、その乱数をどう発せさせるかというそういう考え方なんですけども、現代でいうと市民参加なんてまさにこのサイコロみたいなもんで、市民の投票であっちにもいくしこっちにもいくし、そういう継時的な状況に左右されるサイコロみたいなもんなんですよね。その中で建築をどう作るかととらえれば、これはまあ結構批評的なんですよね。あと41番とかですね。これは、我々の世代では非常に懐かしいバーナード・チュミ、あのフォリーがいっぱい転がっていて、機能があってそのコンテクストが変わってというコンセプトがまた今日の里山ツーリズムと結びついていると言われれば、あーなるほどそういう捉え方もあるなと。あと65番ですね。平面図に過剰なまでの書き込みがしてあって、それがすごい等価になっていて、その上に情報が詰まっているんだけれども、まあそれだけであるという。平面だけで建築を作るという、これも2000年ぐらいの議論ですが、スーパーフラットの議論を思い起こすと、今作るとこういう事になるのかと。まあそんな感じです。こういう風に枠組みを与えると見方がかわるようなものを選ばせてもらいました。

平瀬　有難うございました。画面に投票結果の集計が出ておりますが、順に番号を読み上げていきたいと思います。まず、6票が55番ですね。楠本さんですかね、それから5票が2点あります。39番渡邊さん、それから70番が小黒さんですね。その3点が5票以上を獲得しています。それから4票が5点ですね。8番大野さん、27番泊さん、48番篠川さん、68番加藤さん、82番堤さん、その5点が4票獲得しています。3票も含めて言いますと、6番中津川さん、64番杉森さん、74番岡さん、80番萩野さんですね。上から順に数えていくとですね、3票以上でちょうど12点なんですけれども、次の2票が6点あります。合わせると18作品になりますが、決勝への選出は12選ということで、これで順当に行くと3票以上でぴったり12作品になりますが、そのあたりいかがいたしましょうか。2票作品6点ありますが、その中で次の決勝にぜひとも進めて議論がしたいという作品がある先生がいらっしゃれば、お話し伺いたいと思いますが、2票の6作品を順に入れていただいた先生方にコメントいただきたいのですが、まず7番森さんに入れられたのは、黄色とピンク、どなたですかね。

末廣　コメントとして言うと、これは都市内の交通を扱ったものであるというここと、形態操作でどうやって建築を作るかということをひたすらやっているというところで、形態を決定するという操作が、実際のものに結びつく可能性のようなものを議論できるのではないかと思い入れましたが、それほど強く推すか、と言われるとそういう事ではありません。

手塚　えっと、形で作っている系統の建物なんですけど、面白いなと思ったのは、ビルとビルの間に架け渡すように作っていて、建築的には成立するのかな難しそうだなと思うんですけれども、上空で試行錯誤するのを扱っている中では面白いなと思ったので入れています。すごい推すってわけではありません。

平瀬　続いて26番、緑とピンクです。

手塚　町に残っている川の地形を利用して小学校を作ろうという案で、なんかそこは珍しく子供が増えているところらしいんですけど、地域に合っていたらそれはそれでいいんじゃないかなと思ってみていました。そんなに強く推す案ではありません。

小西　構造的な観点で見るとなかなか良く解けていて、普通は柱が屋根を支えるのですが、この提案では地形を素直に利用することで、屋根のみで空間を覆っています。自然な建築計画ですごく丁寧に作られているなと思いました。

平瀬　そしたら43番ですね。赤とピンクですから、内藤さんですかね。ピンクは手塚さん。

手塚　これは竹を使って花見の場をワークショップの場所に作り上げようという提案なんですけど、まあ、あるっちゃあるんですけど、実際自分でちゃんと持ってきてて、物から建築を考えることも自然としては大事だなという思いで選びました。そんなに押さなくて大丈夫です。

内藤　よく頑張っているなと思って、これは僕が評価しなくてもいいかなと思ったんですけど、竹を使ってやっていて、実は僕の研究室でも竹を使ってやった学生がいるけど、それから見るとちょっと稚拙かな。こだわるんだったらもっとこだわって、もっと奥行きがあるように考えたらもっと素敵になるのではないかと思いました。ただアイデアが面白いなと思って入れましたけれども、激励の意味で一個シールを貼った感じです。

平瀬　有難うございます。では続いて59番ですね。伊藤さんに対しては、緑と黄色ですね。

末廣　町屋系の古い建物を改修しましょう、という提案はいくつかあったんですけど。僕はいくつか入れてるんですが、ここまで大胆に町屋を改築するアイデアはなかったなと思って、それが上手く生きて上手く使えそうだな、というところで入れました。ただ、あまりに大胆で、現実にこれが機能するのかとか、木造の建物に対して鉄骨で補強しましょう、ということになっているので。それはそれで現実にはあるのですが、その中のデザインの違和感みたいなものがどうしても残っていて、そこがもっと解決できればいいなと思いました。

小西　木造を耐震改修する時は、いかに壁でふさがずに補強するか頭を悩ませるのですが、ここでは真ん中に大胆に筋交い壁を入れて、それを頼りにプランニングしているところが面白いと感じました。ここまで大胆なやり方があるのか、という思いで入れました。

藤村　59番は、長谷川逸子さんの初期の作品に非常に似ているんですよね。四角い箱に斜めの壁をひゅっと入れるっていう。安藤忠雄さんもいわばそうで、四角い箱に斜めの壁をひゅって入れるっていう。コストがないから伽藍堂を作る。で、伽藍堂を作ったところに斜めの壁を入れて空間を作る。結構この設計の考えというのはそういう鋭さがある

なと思ったんですね。
平瀬　有難うございました。あと2点ですね。75番安田さんですね。こちらは赤と黄色ですね。
末廣　視点として、建築を捉える時に、空間だとか構造だとか、そういう作り方だとかが一般的に言われるわけなんですけど、そういうのを全部とっぱずしちゃって所謂「窓」です、と。窓をどうにかすれば住宅の環境が良くなるんですっていう、その視点が面白いなと思うんですね。やっぱり建築って色々なところで成り立っていて、もちろん空間的なことが大事ですし。そういうところが魅力になるんだけど、一方でごく一般的な住宅って考えると、窓の持っている影響力って相当あって、それをすごく一生懸命考えてやるっていう。割と普通の窓に、少し付け足しをするだけでかなりバリエーションが出来て、町が楽しくなるんじゃないかという提案ですよね。個人的には本人にも言ったんですけど、もうちょっと悩んでみても面白いんじゃないかと。ちょっと地味すぎるというか、抑えすぎてるんじゃないか、と。所謂既存の住宅地のイメージを守ろうとしている、と言うと変だけど、その枠内に入ろうとしている気がしたんです。それでも、提案としてはかなり魅力的で、プレゼンテーションも分かりやすく出来ていたので入れました。
内藤　これも激励の意味で入れたんですが、多分今日出ている全作品の中で他にこのタイプはないので、やっぱりそれはオリジナリティーだと僕は思ってます。ただこの考え方自体はコンペでいうと20年ぐらい前からよく見かけた。アイデアコンペでは、雑誌社がやっているので割とよく出てくるんですよね。こういう考え方がもっと強くなるといいなと私は常々思っているんだけど、なんかアイデアだけで終わってしまっているのがほとんど。実は今、団地だとかそれから三陸の復興住宅とか、そういうところで、これからプレハブとかいろいろ建っていってますけど、こういう概念が本当は必要なんじゃないかと思うところがあります。卒業設計ではちょっと力が足りないと思いますが、激励の意味で一票入れました。
藤村　「窓辺から広がる暮らし」、窓のパターンを80個やってましたよね。これ、クリストファー・アレクサンダーって人がパターンランゲージという方法論を提示していて、それは200だとか300だとかのパターンを作って、窓辺だとかアルコーブだとを作っていく。これはきわめて真っ当なパターンランゲージの応用で、これに限らず、パターンランゲージに似ていることをやっている人が今回たくさんいました。でも、だいたい5パターンとか8パターンとかで建築作っているから、あんまり代わり映えしないんですね。彼女は80パターンだしてるから、まあすごく面白くなったと思う。僕らからさらに10コぐらい下の80年代生まれぐらいの連中に、「エレメントのパターンだけで建築作るよ」って言ってる人達が結構いるんですね。「連勇太朗」とか「403architecture」とか「増田・大坪」とかですね。例えばそれを木造アパートの空家改修に使うんだとか、そういうネットワーク的な考え方でエレメントを使って建築を作るんだと言っている人たちがいるので、もしかしたら時代的な可能性もあると思うんですが、まあ今

のところは、所謂建築家の窓の語りの延長線上でまだ理解できる感じだったんで、もうちょっとこれが突出した表現になるような、そこまで行ってくれたらなっていう感じがしました。
平瀬　有難うございます。それでは2票の最後が、76番ですかね。これも藤村さんと内藤さんですかね。あれ、違います？小西さんですか？
小西　とても大胆な提案ですが、構造的に見ると積載荷重がすごく大きい書庫を、地上ではなく地下に設けるのは理にかなっています。地下は地震の影響を受けませんから。しかし、その深さが半端ではない。構造以外で多くのメリットがあれば良いですが。
内藤　これも激励の意味で入れたんですが、今時こんな古典的で古い卒業設計をやるやつがいるのか、なかなかそれはそれで面白いなあと思って。いいと思います、それはそれで。そういう人間もいないと面白くないんで。ただ、地下空間を提案しているんだけど先入観があって、地下って暗いんじゃないかというのが模型前面に出ているのが、ちょっと違うプレゼンテーションの仕方があったかなと思って。例えば、煙突みたいなところから入ってくる光がどのくらい綺麗かとか、地下の書庫がシリンダー状で、それがどのくらい美しいかとか、そういうやり方もあったんじゃないかとか、わざとそのアクの強さを表に出しすぎているんじゃないかと。それで作者が女性であるということがさらに驚きで、ちょっとやりすぎたかもしれないと思います。でも、力作であることは間違いないんで一票入れました。
平瀬　以上の6作品が2票ですけど、応援演説をしていただきましたがいかがでした。その12選には…よろしいですか。それでは12選はですね、3票以上の作品に決定したいと思います。番号を順に読み上げますので確認していただきたいと思いますが、まず6番それから8番、27番39番48番55番64番68番70番74番80番82番以上12点で間違いはないですかね。それでは午後の決勝進出者は以上の12点にしたいと思います。せっかくなので15作品にそれぞれ1票ずつ入っているので、それぞれコメントしてもらいたいと思うので、11番に入れられた赤ですかね。
内藤　地形に沿って、非常にデリケートにやっていて、まだやり損なったところがあると思うんですけど、面白いと思ったのが観光と里山の境界線を設計すると、そのことをもうちょっとうまく提案すれば、上に行けたと思います。
平瀬　25番は小西さんですかね。
小西　既存の建物を解体するのですが、骨組みは解体しないでそのままにして、骨組みで風景を作りだしています。例えば、鉄骨造だと全国どこで作っても違いはないのですが、木造は唯一、地域性が出る構造です。木造は地域ごとで独特の木の組み方や継ぎ方があります。解体中に壁を取り外してみると、木の骨組みがすごく綺麗で壊すのがもったいないぐらい格好いいことがしばしばあります。そういうものが地域らしさにつながっていくと面白いな、という思いで入れました。そこから何か先に展開がありそうな気がしたので。

平瀬　それでは、33番は内藤さんですかね。

内藤　これ実はいいなと思ったんですが、割と古い記憶を受け継いで今を実感する一つの素材として捉えていて、これはこれでありかなと思います。ただ全体的に分かりにくかったかな、という感じがあります。

平瀬　続いて37番。これも内藤さんですかね。

内藤　これめちゃくちゃなんですけど、いかにも今簡単にできるのかなと、むしろ実作の方ができている考え方なんですが。ありだと思います。ただ模型の完成度がなんかちょっとあまりに、模型一発でイメージしようとしたところが少し残念。もうちょっと技術的なところも含めて、多少ワークしているともっと強く推せたと思います。

平瀬　38番これも藤村さん。41番も藤村さん。

藤村　41番が一票しか入らなかったんですけど、これに入ったらよかったのになっていう感じですね。小さい建築を提案している人はいっぱいいました。小さい建築は現代的だなと思うんですが、小さいけどネットワーク的というのが重要であるという気がしていて、ネットワークの提案をしている人はあんまりいなかったですね。だから、「郡としてこれは機能するんだ」という視点があるものが小さくても意味があると思うんです・。41番はそういうのがあって、それがツーリズムと結びついたり記憶と結びついたりしていて、惜しかったと思います。

平瀬　42番と49番両方とも末廣さんなんですけど。

末廣　42番は、オフィスと子供の空間を一緒にしようという話で、現代のオフィスを見た時に、昔のビルディングタイプは無くなってきていて、それを子供の施設と一緒にして。子供が持っている子供のための遊びのスペースと、オフィスっていう仕事の部分を合体させると、こういうクリエイティブな空間が出来ることを示しているというのが面白いなと思ったんですね。おそらく現代は、機能的なものの重なりみたいなものがいっぱい起きてきて、そういう中で人が生活することを考えた時に、色々なパターンの空間構成が出てくるだろうなと思うので、そういう一つの例としてなかなか面白い提案だと思いました。ちょっと表現が弱いところもあって、そういうものがストレートに伝わりにくいとか、あるいは空間のイメージがあっさりしすぎているとかあるんですけど。もっと豊かな空間になりそうだなと思っています。49番は、古い民家があるところに新しい建物を建てるという。僕は最初改修かと思ったんですけど。そうではなくて、実は新築で、RCでやるとかそういう話だったんですが、それを昔のコンテクストが残っている町の中に、どういうふうに新しい建築を作っていくかっていうのはなかなか難しくて。日本の場合は、よくあるのは同じような木造建築で、昔のような民家のまんまの真似をして街並みを揃えましょうっていう、それはそれで正しいことだと思うんだけど、そうではない手はないのかと。その時に、RCで作ったとしても、形を継承するような方法を使ってそんなに違和感ないと。あるいは新しい景観を作っていくという、そういう挑戦としてなかなか面白いなと思いました。もちろんこれが実際に出来たらどうなのというのはあるんでしょうけど、そのへんは真剣に考えてもいいのかなと思いました。

平瀬　続いて52番は手塚さん。

手塚　はい、単純にこういうものが実際に建ったら綺麗だなと思いました。でも私も勝手に解釈していて、中に出ているものとか外に出ているものとかがない時を想像して、大空間を想像していました。色々至らないところはあるんですけど、ああいうものを形にしてみるのもすごくいいことで、自分のいいところを、人に何か言われてもめげずに伸ばしていってほしいなと思いました。

平瀬　それでは72番、こちらは手塚さんですね。

手塚　高層住宅を建てる時に下街じゃないですけど、なんかこういう人の界隈の楽しさみたいなものを、どうやって作り上げようかってことを、一生懸命考えてやってる作品だなと思って入れました。実際には何かどうやって下の方に光が入るのかなとか、敷地境界はどうなっているのかなとか色々気になるところはあるんですけど、思いは分かるというか、単純なああいう普通の高層住宅をどうやって工夫するかってことを考えているな、と思いました。

平瀬　はい。73番、小西さんですか。

小西　別府温泉の共同温泉ですが、今、多くの温泉地で人を集めるために様々なことを考えています。私の地元の石川県の温泉でも、何年か前に内藤先生が総湯を設計されて、街の雰囲気がすごく良くなり、建築の力は大きいなと感じました。別府温泉は少し特殊で、総湯のような大きいものが1つ中心にあるわけではなくて、銭湯的な小さなものが非常に多く分散しています。そこで異なったキャラクターを持った人が、かたちは大きく異なるけれど、モジュールが与えられた建築で活動する。総湯ではないのですが、別府の街が建築を介して何か繋がりをもたらせられるような、そんな気がしたので入れさせてもらいました。

平瀬　最後81番ですね。これは末廣さんですね。

末廣　これは都市内での人間の生と死のお墓の問題とかを取り扱っているんですけど、さっき藤村さんが言っていた31番とも近いところがあるんですが、やっぱり現代の社会において死とどう向き合うか、宗教的な問題はかなり現代的な課題になっているのではないかと思って。居住しているところに死後の場所っていうのを作っていかなければならないという問題意識は、すごく共感できるなと思いました。ただ、81番の作っているもの自体は何かどっかで見たことある感じだなという気がするし、他の人も全く論理性がないので、これだけではどうしようもないなと思ったんですが、ただ、それを含めて色々なことを考えないといけない、ということを言いたかったということです。

平瀬　有難うございました。以上が1票の作品のコメントですね。3票以上の12作品を決勝に進めたいと思います。これで終わりたいと思いますので司会に帰します。

受賞者選抜議論・全体講評

平瀬　それではプレゼンテーションをしましたので、イチ押しの作品を選んでもらおうと思います。全部で3点、これから口頭でお聞きしようと思います。では、さっそくですけど末廣さんからいいですか。

末廣　1番僕が押したいのは、8番のフィリピンのですね。非常に色々なことをやって、作り上げた力というものに感心しましたし、昨今色々ありますけど、建築家の実写化という意味で、1つの成果という意味で押したいと思いますね。それから、次には、70番ですね。僕はこれはできそうと思いまして、かなりリアルにすごく良いアイデアだと思うし、建築の仮設の時を逆手にとって、普通だったら建築としては足場のある状態はあんまりよく見えないんだけど、この場合はそれがよく見えているような、足場の上にみんなが上ることによって、普段見れないような景色が見れたりするのがいいなと思います。ちょっと悩んでるんですけど、6番にしたいと思います。社会の今持っている問題点をですね、非常に真っ直ぐ求めているというところに一票入れようと思います。

平瀬　有難うございました。葉さんいいですか。イチ押しを1点、その次を2点お願いします。

葉　選ぶのは教育の一環でしょうか。それとも作品としての評価なのでしょうか。もし教育の一環だとすれば、80番がベストでしょう。

内藤　一番を一つとそれ以外を二つ選ばないといけないんですね。

葉　80番ですね。色々な人の意見をまとめていく。これは建築家の仕事です。「私はこれを勧めます」という責任が必要です。優等生で個性がないとクリティークの人たちが言ってましたが、それに対して異論を唱えます。

平瀬　有難うございます。では内藤さん。

内藤　私は課題設計だったらば、かなりラフでもアイデアが良ければいいと思うんですけれど、卒業設計では、まあ卒業設計ではない人もいるかもしれないけど、基本的にはここでは卒業設計をベースにやるので、そのレベルでいうと密度ということに対して3点あげたいと思います。最初は70番の道後温泉は、小黒君はいい場所を見つけていい密度で非常に優れた提案だと思いました。後2点は64番の杉森君と最後の堤くんです。で、まあいずれも十分な内容だったと思います。この2点についてはあんまりさっき議論が交わされなかった。逆に私はそのことが良かったのかなと思います。よく見ると本当にいろいろな空間が出来上がっていて良いと思います。この3点について共通する極めて大きな特徴を言うと、建築的なスケールがどれも非常に上手く表現されているというところが才能があるなあという風に思いました。以上です。

平瀬　はい、続いて藤村さんお願いします。

藤村　えっとですね、今日は流れとして3つありましたよね。「記憶系」と「設計プロセス系」と。それと僕は「建築の解体系」と呼んでるんですけど、建築の解体に載ってそうな案ですね、コンテナをプラグインするとか京島を燃やすとか、あとは道後温泉の仮設の話とか。どれが一番面白かったかと自分に問えば、プロセス系でしたね。記憶系と建築の解体系はやっぱりなんか自分の想像力を超えなかったんですよね。設計プロセス系では、フィリピンと風とGoogle Earthがあったんですが、8番と68番と80番に丸を付けまして。その中でどれを二重丸にするか悩んでまして、Google Earthは色んな意味で面白いんですけど。自分が

今やっている仕事に近いところがあるし、共感するところがあるし。それが故になにか鏡を見ているような気持ち悪さもあるし。なんか色んな意味で惹かれるんですが、一等にはなってはいけない批評的ポジションにある作品という感じがしましたね。自分が共感を持って、ヒーローはどっちなのか。フィリピンと風を比べると、僕はやっぱり風の人が持っていた、ひねりというかアイロニーというかひねくれた感じが悪くないんですが、どちらかというとフィリピンの大野さん。ストレートさに共感を覚えましたね。ですのでその3つに二重丸を付けるとしたら私は8番に付けようと思います。

平瀬　有難うございます。手塚さんお願いします。

手塚　私は純粋に作品として、これが実際に建築として建ち上がっていくときにいいなと共感できるかどうかという視点で選びました。一番いいなと思っているのは、あまり議論にはならなかったですけど64番。建ち上がった時にどこか懐かしさを感じさせる、本当に観光地として地元おこしとしては結構いいんじゃないかなと。こういう所だったらお客さんも来て、喜んで観光できるのではないかなと、自分も行ってみたい場所が出来上がるのではないかな、という期待を込めて推します。あと2番目としては82番の堤さん。逞しくそこに立ち続ける姿を具体的に考えて、作品として成立させているところがいいなと思います。3番目がすごい悩んで55番か70番かなと。55番は建築としては、ちょっと目立つところがあって、少し練れていないところがあるなという気がするんですけれども、ひとつひとつの砂防が持っているストーリーに対して、建築で丁寧に答えようとしているので、一応55番を選びます。

平瀬　有難うございました。小西さんお願いします。

小西　1番は82番の堤さんです。構造的に非常に素直な考え方をしていて、長いサイクルで考えると特徴的でいいなと感じました。災害に対して絶対的に守るべきものがあるわけではなくて、その場で起こることに巻き込まれながら次の展開にアジャストしていくラフさが面白い。2つ目は70番ですね。私自身が、「おっ、これは格好いい構造だな。面白い構造だな。」と思う時は、そんなに多くないのですが、よく海外に行くと現場の足場がすごく格好いい。現場の足場は、とにかく安く軽く合理的に作るのが大切。それが結果的にすごく格好いいものになる。この道後温泉は、模型より実際に建つともっと格好いいものができる気がするので、期待したいと思います。3つ目は39番の作品で、構造的にはかなりのオーバースペックではあるのですが、既成の材料の規格を変えるという研究的なところがとても面白い。今は、何十年も前に作った規格を引き継いでいるのですが、どんどん時代が変わっていけば規格も変わっていくべき。こういう研究を通して、今の時代のモジュールは「こうです」とはっきり言わないと、やはり生産までつながらないと思います。

平瀬　もうないですかね。では集計を書いていただきたいと思います。もう画面に出てますけれども5票が82番。4票が8番と70番ですね。それから3票64番ですね。今回は最優秀を一点、優秀を二点選ぶので、5票が最優秀、4票が優秀となりますけれど、3票はご意見いかがですか。手塚さんと内藤さんが入れられてますけれども、応援演説と

言いますがなにかありますか。

手塚　どういう観点で選ぶかで違うと思うんですけど、問題提起として選ぶのか作品として選ぶのか、それをどっちにするかはすごく個人的な問題ですし、デザインレビューというものの位置づけに関わってくるので、ちょっと私はそれがどっちなのはよく分かっていません。でも、学生の立場で考えて、賞をとって就活に持っていくとかそういう流れを考えると、やはり作品として優れているものが表彰されるべきではないかと思うので、私は64番は完成度が高いと思っているので推したいと思います。

平瀬　内藤さんいかがですか。

内藤　僕もまあ手塚さんと同じ考え方で、なんか取らせてあげたいなと思っているんですけど。非常にレベルが高いので、僕は本当に良いプロジェクトだと思っているので、推したいと思います。

平瀬　たとえばなにかクリティーク賞とか。

内藤　この後もあると思うんですけど、無冠ってことはあり得ないんじゃないかと思ってます。

手塚　それは同意しますね。

平瀬　よろしいですか。それでは82番が最優秀、8番70番の2作品を優秀の作品にさせていただきたいと思います。お三方おめでとうございます。それとクリティーク賞を、それぞれの先生方からご推薦いただきたいと思います。末廣さんから大丈夫ですか。

末廣　クリティーク賞として他の今選ばれなかった中では、6番の方に差し上げたいと思います。

葉　実を言いますと、80番の学生さんは将来コンサルタントになればいいなと思いますね。かなり優秀な学生さんだと言えます。もう一つは48番ですね。選ぶのは48番ですね。使えなくなった街中の、本当に優れた提案だと思いますね。

平瀬　では48番ですね、おめでとうございます。

内藤　手塚さん64番いきます？

手塚　いやあのーお任せします。

内藤　手塚さんが行くんだったら僕は別のを選ぼうと思って。

手塚　内藤さんが64番で、私が55番選ぶと思ってました。

内藤　いや1人だけ選ぶんだったら僕は74番にしようかなと。

手塚　あっじゃあ64番行きます（笑）

平瀬　74番おめでとうございます。

藤村　今日はプロセス系が一番面白かったから、68番か80番で迷っていたんですが、葉さんがおっしゃっていたようにある種の教育の成果だと思います。作品としての洗練がちょっとないんですけど、すごく軸を作っているので僕は80番にします。

平瀬　80番おめでとうございます。

手塚　先ほど申し上げたように、64番の杉森さんにします。

平瀬　64番おめでとうございます。

小西　私は、39番のモジュールにしたいと思います。

平瀬　はい39番おめでとうございます。以上がクリティーク賞になりますが、冒頭でも言いました、全国卒業設計展2015で九州地方の卒業設計上位者にJIA賞が与えられます。さっきのエクセルの表出ますか。基本的に上から選んでいきますと、今から番号を読み上げていきますが、70番、27番、68番、7番の4点は決まっていますが、あとは一票の4人から2人選ぶのですが、25、31、38、73の中からです。1人1票挙手していただいて、そのうちの上位2名てことにしたいと思うのですが。

　　　25番はいらっしゃらないですね。31番3票。38番いらっしゃらなくて、73番も3票ですね。それでは3票入りました31番と38番の二人を追加して、JIAの全国卒業設計コンペへの出場を決定したいと思います。おめでとうございます。葉さんから総評をお願いします。

葉　今日は貴重な機会をありがとうございます。昨日は来れなかったし、明日のツアーも参加できませんが宜しくお願いします。

内藤　皆さん、突然ですが、今日葉さんの誕生日だそうです。ここで拍手しません？

拍手

末廣　皆さんお疲れさまでした。2日間かなりみっちり、長い間お話をさせていただいたんですが、僕自身もデザインレビューでこういう事をやるのは久しぶりなので、まあ本当に時代が変わりつつあるのだなあという気がしました。一方で、これはすっごく面白くて、ショッキングというか、これはものすごく次の時代を開いていくな、というのが無いというか。みんな悩んで、悩みの多い時代で、僕ら自身も不便で、一緒に考える機会だと思えば、今日議論したことはこの先身になってくるかなと思いました。できるだけ自分の体を使って、自分自身を信じてやることが、今の時代大事なのかなと思いました。以上です。

内藤　いつもこういう催しに参加して思うんですけど、こっちが勉強させられているという感じと、こちらの賞、票の入れ方によってむしろこちら側が評価されているような感じがいつもしてます。その意味で皆さんの側の評価が気になります。本当に選び残したものが良かったのかどうかは多分帰りに、やっぱり別のをピックアップしとけばよかったかなと思うことは多々ありますね。そのぐらい、価値がよく分からない時代の中で、皆さんが苦労してプロジェクトをまとめるということが、私が大学を卒業した時よりはるかに難しい時代を、みなさんは生きているのだろうと今日また実感しました。皆さんに頑張って下さい、生き延びて下さいとエールを送って感謝の言葉としたいと思います。有難うございました。

藤村　非常に刺激的な議論だったと思います。「記憶系」、「プロセス系」、「建築の解体系」とあったんですけど。記憶系は今全国的に多いですよね。どこに行っても記憶、記憶、記憶…。時代的には今記憶っていうのを見直すいい機会だというのは分かるんですけど、あまり前衛的ではないなっていう感想を持ってます。「建築の解体系」は磯崎新さんが本でまとめていた、1960年代終わりの気分ですね。それが今2015年にもう一回参照されているのが面白いと思います。で、末廣さんがおっしゃるように今時代の転換点で、なんとなく新しい方に形が見えない。内藤さんも自分が大学を出た時より難しいとおっしゃるんですけ

ど、もしかしたら歴史的に言うと、内藤さんが卒業したころに戻っている可能性があるのですね。時代が一回りして今また議論が戻っているような気がしていて、同時代的な体験を僕らは持っていないので、学習してそのころの歴史に知識として追いつかないといけない時代だと思うんですよね。だから僕は、皆さんが大学院に行ったり就職してから、知識として60年代とか割と近しい建築の歴史というものを身に付けて、そのうえで自分の立ち位置を見極めたら、この不透明な時代というものを生きれる。そんなことを思いました。どうもありがとうございました。

手塚　なんかやっぱり、今すごく建築を考えるのは難しいな、と。自分が設計しながらも、でもやっぱり建築ってなくならないし、作らなくちゃいけないし、作ると必ず良いことがあるっていうのかな。そうことがあるので、建築をポジティブにやっていきたいなと思う中で、時代として建築にネガティブになる風潮もありつつも、ここにはポジティブに考えてくれている人たちがたくさん出てきてくれたので、それはまあまだよかったなと思ってます。来年になるとどうなのかな、という不安もあるんですけど。中でもやっぱり、最優秀の時は推していなかったんですけど、フィリピンに行った彼は体を使って、自分の体と頭で考えようとしている。それがやっぱり建築の原点に近いのでは、と思っていて、そういう動きをしてくれる逞しい学生がいるってことにすごく希望が持てるなと思いました。

小西　みなさん二日間お疲れ様でした。私は普段は、建築家を相手にして仕事をしています。今回、82人の話を聞くときは、普段、建築家と初回の打ち合わせをする時の気持ちで向き合っていました。しかし、通常は建築家との打合せは、1日にせいぜい2回か3回なので、それを82回連続でやったのは初めてで、どっと疲れが出でました(笑)。建築家と打合せをする時、話を聞いて意図することが100％理解できるわけではありません。今回、82人といろいろお話していくと、いつも以上に分からない、言っていることが(笑)。でも、そういう意味では、私が想像のつかないところで何か新しいものができるのではないかという期待を持ちました。2日間、会場を訪れたいろいろな人に作品を見てもらい、時には厳しい意見をもらったと思います。私も意地悪な質問もしましたが、そういうものを自分でプラスに持っていってもらいたいと思います。私がやっている構造の分野だと、この構造は難しいですよ、というと設計者はがっかりして沈んでしまうのですけれど、でもそれは捉え方次第であって、構造でそういう条件が付くなら、それを次のステップでプラスにすることもできるわけです。悪条件と思うことでも、プラス材料として受け入れることでもっと面白くなっていきます。二日間お疲れ様でした。

平瀬　有難うございました。最後に私からコメントですけれど、司会なんですが、ざっと見させてもらったんですけど、他大学の卒業設計をいくつか今年見させていただいて、全体的に形を作る言い訳をやっているのが多いなという印象がすごくあります。今回の中ではそういう言い訳をしながらも、内面的にもしっかりしたものがあったんじゃないかなと思いました。今日クリティークの先生方から言われたことを忘れないようにしてもらいたいですね。だいたい皆さん卒業すると忘れるんですよ。僕自身も15年ぐらい前に内藤さんに言われた卒業設計のコメントを糧に設計をしてるときいつも思い出してやってますから。ぜひみなさん今日先生方に言われたことを思い出してください。それではこれで受賞者選抜議論を終わりたいと思います。有難うございました。

## 決勝進出者を決める投票結果

| 5票以上 | 4票 | 3票 | 2票 | 1票 |
|---|---|---|---|---|
| 39 | 8 | 6 | 7 | 11 |
| 55 | 27 | 64 | 26 | 25 |
| 70 | 48 | 74 | 43 | 31 |
|  | 68 | 80 | 59 | 33 |
|  | 82 |  | 75 | 35 |
|  |  |  | 76 | 37 |
|  |  |  |  | 38 |
|  |  |  |  | 41 |
|  |  |  |  | 42 |
|  |  |  |  | 49 |
|  |  |  |  | 52 |
|  |  |  |  | 65 |
|  |  |  |  | 72 |
|  |  |  |  | 73 |
|  |  |  |  | 81 |

※票の番号はID番号

デザインレビュー
2015
出品者紹介
INTRODUCE LIST

| | No. | 氏名 | 所属 |
|---|---|---|---|
| | 1 | 佐藤 広章 | 早稲田大学 創造理工学部 建築学科 4年 |
| | 2 | 若狭 智子 | 九州大学 芸術工学部 環境設計学科 4年 |
| | 3 | 原 聖也 | 千葉工業大学 工学部 4年 |
| | 4 | 長和 麗美 | 兵庫県立大学 環境人間学部 環境人間学科 4年 |
| | 5 | 飯島 千央 | 京都造形芸術大学 大学院芸術研究科芸術環境専攻 1年 |
| Critique | 6 | 中津川 毬江 | 東海大学 工学部建築学科 4年 |
| JIA | 7 | 森 隆太 | 九州大学 工学部建築学科 4年 |
| 優秀賞 | 8 | 大野 宏 | 滋賀県立大学 環境科学部環境デザイン学科 4年 |
| | 9 | 崎山 涼 | 工学院大学 建築学部 4年 |
| | 10 | 米澤 聡志 | 大阪市立大学 工学部建築学科 3年 |
| | 11 | 植田 有紗 | 横浜国立大学 理工学部建築都市環境系学科 4年 |
| | 12 | 中野 友梨乃 | 近畿大学 建築学部建築学科 2年 |
| | 13 | 中居 和也 | 近畿大学 建築学部建築学科 3年 |
| | 14 | 佐藤 峻亮 | 立命館大学 理工学部 建築都市デザイン学科 3年 |
| | 15 | 小野 康一郎 | 九州産業大学 工学部 住居・インテリア設計学科 2年 |
| | 16 | 丸毛 遼 | 山口大学 工学部感性デザイン工学科 4年 |
| | 17 | 芥 隆之介 | 大阪市立大学 工学部 建築学科 4年 |
| | 18 | 奥野 智士 | 関西大学 環境都市工学部 建築学科 4年 |
| | 19 | 大迫 佑貴 | 九州大学 芸術工学部 環境設計学科 4年 |
| | 20 | ベン ライサミ | 鹿児島大学 工学部建築学科 B4 |
| | 21 | 仲 浩慶 | 佐賀大学 理工学部 都市工学科 4年 |
| | 22 | 宮田 滉平 | 九州産業大学 工学部 住居インテリア設計学科 4年 |
| | 23 | 小西 葵 | 筑波大学 芸術専門学群 デザイン専攻 建築デザイン領域 4年 |
| | 24 | 武谷 創 | 九州大学 芸術工学部 環境設計学科 3年 |
| | 25 | 土橋 泉咲 | 九州大学 工学部 建築学科 4年 |
| | 26 | 久保 晶子 | 大阪市立大学 工学部建築学科 4年 |
| 12選 | 27 | 泊 裕太郎 | 西日本工業大学 デザイン学部建築学科 4年 |
| | 28 | 小池 潤 | 立命館大学 理工学部 建築都市デザイン学科 3年 |
| | 29 | 野嶋 淳平 | 九州大学 工学部 建築学科 3年 |
| | 30 | 市井 暁 | 名古屋工業大学 工学部 建築・デザイン工学科 3年 |
| JIA | 31 | 佐伯 瑞恵 | 九州大学 工学部 建築学科 4年 |
| | 32 | 小泉 宏基 | 立命館大学 理工学部 建築都市デザイン学科 4年 |
| | 33 | 田中 匠哉 | 名古屋工業大学 工学部 4年 |
| | 34 | 田 紳華 | 九州大学 工学部 建築学科 4年 |
| | 35 | 中村 慧睦 | 神奈川大学大学院 工学研究科 建築学専攻 博士前期課程2年 |
| | 36 | 堀江 壮 | 九州大学 芸術工学部環境設計学科 4年 |
| | 37 | 伊藤 信舞 | 東海大学 工学部建築学科 4年 |
| | 38 | 國友 拓郎 | 熊本大学 工学部 建築学科 4年 |
| Critique | 39 | 渡邉 匠 | 大阪市立大学 建築学科 4年生 |
| | 40 | 杉山 雄一郎 | 熊本大学 工学部 建築学科 4年 |
| | 41 | 山口 史 | 九州産業大学 工学部 住居・インテリア設計学科 4年 |
| | 42 | 古賀 壮一朗 | 和歌山大学 システム工学部 環境システム学科 3年 |
| | 43 | 石田 和久 | 工学院大学 建築学部 建築デザイン学科 4年 |
| | 44 | 佐藤 瑞記 | 熊本大学 工学部 建築学科 4年 |
| | 45 | 原田 多鶴 | 筑波大学 芸術専門学群 デザイン専攻 建築デザイン領域 4年 |
| | 46 | 辻村 高臣 | 京都工芸繊維大学 工芸科学部 4年 |
| | 47 | 春山 祐樹 | 法政大学 デザイン工学部建築学科 3年 |
| Critique | 48 | 篠川 慧 | 九州工業大学 建設社会工学科 4年 |
| | 49 | 原田 良平 | 佐賀大学大学院 工学系研究科 都市工学専攻 2年 |
| | 50 | 下川 翔平 | 千葉工業大学 工学部 建築都市環境学科建築設計コース 3年 |
| | 51 | 露木 智士 | 京都工芸繊維大学 工芸科学部 造形工学課程 4年 |
| | 52 | 霍口 信也 | 九州大学 芸術工学部 環境設計学科 4年 |
| | 53 | 長尾 謙登 | 九州大学 工学部 建築学科 2年 |
| | 54 | 陣 昂太郎 | 名古屋大学 工学部 環境土木・建築学科 3年 |
| 12選 | 55 | 楠本 鮎美 | 立命館大学 理工学部 建築都市デザイン学科 4年 |
| | 56 | 辻川 巧 | 東海大学 工学部建築学科 4年 |
| | 57 | 伊藤 杏里 | 九州大学 工学部 建築学科 4年 |
| | 58 | 山田 章人 | 佐賀大学 理工学部都市工学科 3年 |
| | 59 | 伊藤 高基 | 九州大学 芸術工学部 環境設計学科 2年 |
| | 60 | 河合 陸人 | 京都工芸繊維大学 工芸科学科造形工学過程 4年 |
| | 61 | 江嶋 大輔 | 崇城大学 工学部 4年 |
| | 62 | 小林 洸至 | 名古屋工業大学 工学部 建築デザイン学科 4年 |
| | 63 | 川谷 大輔 | 九州大学 工学部 建築学科 4年 |
| Critique | 64 | 杉森 大起 | 立命館大学 理工学部 建築都市デザイン学科 4年 |
| | 65 | 藤澤 佑太 | 近畿大学 建築学部 建築学科 3年 |
| | 66 | 藤関 利光 | 立命館大学 理工学部 建築都市デザイン学科 4年 |
| | 67 | 高尾 昂大 | 九州大学 芸術工学部 環境設計学科 2年 |
| 12選 | 68 | 加藤 樹大 | 九州大学 芸術工学部 環境設計学科 4年 |
| | 69 | 廣田 竜介 | 立命館大学 理工学部 建築都市デザイン学科 4年 |
| 優秀賞 JIA | 70 | 小黒 雄一朗 | 九州大学 芸術工学部 環境設計学科 4年 |
| | 71 | 三輪 幸佑 | 高知工科大学 システム工学群建築・都市デザイン専攻 3年 |
| | 72 | 田中 健人 | 神戸大学 工学部 建築学科 4年 |
| JIA | 73 | 松岡 彩果 | 九州大学 芸術工学部 環境設計学科 4年 |
| Critique | 74 | 岡 美里 | 多摩美術大学 美術学部 環境デザイン学科 4年 |
| | 75 | 安田 早貴 | 九州産業大学 工学部 住居・インテリア設計学科 4年 |
| | 76 | 國武 美久 | 多摩美術大学 美術学部 環境デザイン学科 4年 |
| | 77 | 川村 真弘 | 立命館 建築都市デザイン学科 4年 |
| | 78 | 上田 満盛 | 大阪市立大学 工学部 4年 |
| | 79 | 古園 さわ | 九州大学 芸術工学部 環境設計学科 4年 |
| Critique | 80 | 荻野 克眞 | 芝浦工業大学 大学院 建設工学専攻 修士課程2年 |
| | 81 | 栗林 秀訓 | 近畿大学 建築学部 建築学科 4年 |
| 最優秀賞 | 82 | 堤 昭文 | 日本大学 理工学部 海洋建築工学科 4年 |

最優秀賞　優秀賞　Critique クリティーク賞　JIA JIA賞　12選 12選

## ID 01

早稲田大学 創造理工学部 建築学科 4年

name 佐藤 広章

### 東京湾小型船ターミナルの設計
ー都心における日常の親水性ー

東京湾に散在する屋形船等の小型船のためのターミナルを設計する。敷地は豊洲と晴海の間にある河川上。既存の産業遺構である晴海橋梁を計画に取り込み、一体として計画する。急激に開発の進む埋立地の生活空間について考え、その中心を水路に見出すことを目的とする。その契機としての計画。

## ID 02

九州大学 芸術工学部環境設計 4年

name 若狭 智子

### 新しい過去

現在、被爆建物を利用した店舗でパン販売やレストランなどを経営する広島アンデルセンが、その建物の建て替えを検討している。この問題について私がだした一つの提案。原爆という悲しい過去の象徴は原爆ドームだけで十分で、これからの広島にはきっと、その悲しい過去から復興し、活気づいた今の街があるという新しい過去の象徴をつくっていくべきなのだと思う。

## 隠さない建築

人間の場所に対する記憶の風化と建築の形態。八ッ場ダムがつくられてきた歴史を相対化する。水没する衝撃を顕在化する建築。

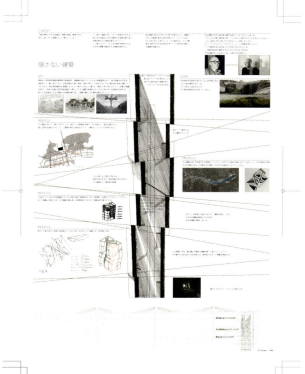

## みかん畑の長い斜路

瀬戸内海に浮かぶ周防大島。そこはかつてみかん産業によって栄えてきた島だった。ここ数年IUターン者の数が年間500人を超え、奇跡の島といわれる周防大島。みかん畑の斜面地で、彼らの生活が地域に溶け込み、地域や観光客が自然と生活に入り込んでくる住宅である。2本のスロープから生まれた2本の建築によってみかん畑と親和しながらIUターン者、地域住民、観光客との交流が生まれる。

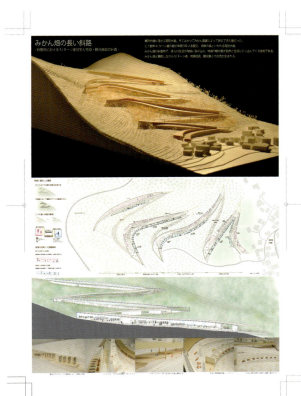

ID 05

name 飯島 千央

京都造形芸術大学 大学院芸術研究科 芸術環境専攻 1年

## 街に寄りそう建築

街に現存する「医療複合施設」「幼稚園バスや観光バスの停留所として利用される道路沿い」「公民館」の3ヶ所は、それぞれ「待合時間が長い」「子供や荷物を抱えながらバスを待つのは大変だし退屈」「利用希望者が多くて集会室の予約が取れない」等、住民の不満を抱えている。これらの建物や空間に寄りそうように、不満を解消するような機能をもつ建物を提案する。また、既存の建物に+αとなるような建築を建てるという性質を活かし将来的には街のいたる所に増殖していくプロジェクトである。

---

ID 09

name 崎山 涼

工学院大学 建築学部 4年

## 悲壮淋漓

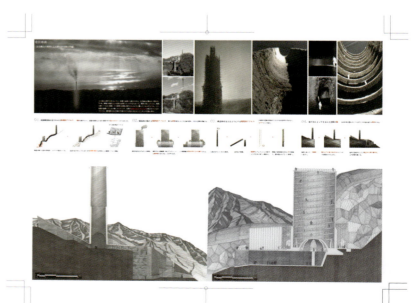

日立銅山跡地 －大煙突とダルマ煙突と煙道－
町の発展に関わってきた遺産は荒廃していく。記憶の排除により遺産は長い時間の中で忘れられていくのではないか。場所が持つ記憶を体現し、遺産の空間的骨格を更新する。更新後も記憶が蓄積する場所の提案。

宿りの壁

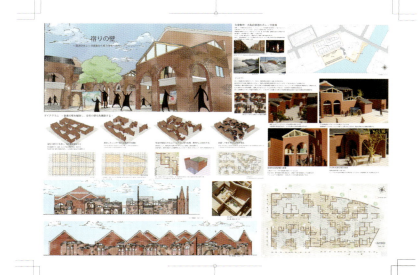

かつては倉庫として用いられていた築港の赤レンガ倉庫を集合住宅へとコンバージョンする。倉庫の持つ家形のファサードには、内部空間を印象付ける強い形状性がある。集合住宅をその内側に展開することにより、外部の共用空間は倉庫の巨大なスケールによって覆われる印象になる。倉庫の巨大なスケールと住宅の小さなスケールが共存する空間性を生み出す。その違いから新たな住民間の関係性が生まれる集合住宅を提案し、この地に再度人が集う機会を与える。

name 米澤 聡志　大阪市立大学 工学部建築学科 3年　ID 10

里山を営む
横浜の里山環境と共生する暮らし

テーマは環境との共生。横浜に残された里山に、里山を営むビレッジを計画しまちにとっての里山のあり方を変える提案。建築は環境と呼応し、里山空間を有機的に利用した活動が展開する。都市・活動・里山、それぞれの視点から人にとっていいことと山にとってももしかするといいことを考えて設計する。都市の中で窮屈そうに残されていた里山が、近隣住民の手で、わがまちの里山として大切に維持されていくことを目指す。

name 植田 有紗　横浜国立大学 理工学部 建築都市環境系学科 4年　ID 11

ID 12
name 中野 友梨乃　近畿大学 建築学部 建築学科 2年

Link Stair

一般的な一人暮らし向けの集合住宅では、隣人が数メートル先を歩いていても視線が合うことも挨拶をすることもない。その原因として、廊下や階段が直線的だからだと考えた。そこで、住人間のコミュニケーションを促すために共有部分である階段を利用した集合住宅を提案する。

ID 13
name 中居 和也　近畿大学 建築学部 建築学科 3年

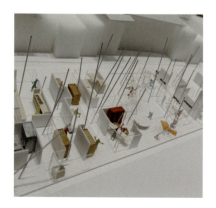

ネズクヤネ

価値を与えていたものを再構築し、新しい価値を見出す。
かつては、中筋通りと呼ばれる細い通りの両側に各店舗が密集して並ぶ活気溢れる通りであったが、被災に遭い片側が焼失し、以前のような活気は失われた。
被災前の中筋通りには各店舗のテントや看板などがせり出し、その下では集落のように、多様な人々の活動の重なりを生み出す空間が存在していた。その空間を撤去するのではなく、再構築することで、以前のようななじみある空間を創出し、新たな価値ある空間に溶け込ませ、1つの風景を作り出す。

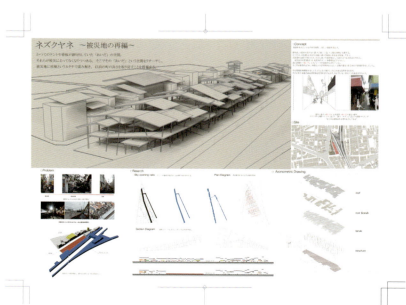

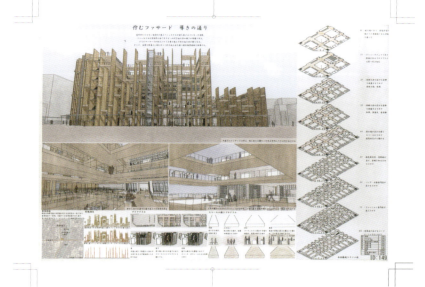

佇むファサード 導きの通り

近代化にともない高層化が進みペンシルビルが建ち並ぶ京都。ペンシルビルは空室率が高く、上への引き込み力の弱さが問題である。さらにアーケードがあることで上層が見えず引き込み力が弱くなる。そこで、高層の街並みに合わせつつ引き込み力を持つ複合商業施設を提案する。河原町通りのペンシルビルの独特のリズムを大通りに対して佇む壁として抽出、その壁から従属的に延びるプログラムを纏う通りが空間に彩りと賑わいを生む。

name 佐藤 峻亮　立命館大学 理工学部 建築都市デザイン学科 3年　ID 14

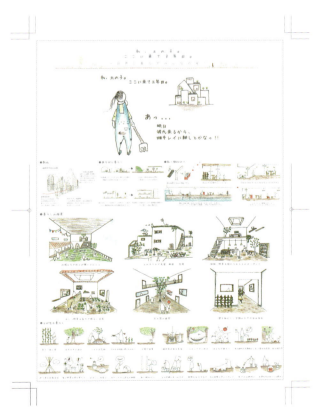

私、土の子。ここに来て3年目。
～自然と暮らすみんなの家～

都市は便利さを追求するあまり建物だけが増え、共有のスペースが減っています。これにより、便利な暮らしは、人と人とのつながりを少なくしている。しかし、田舎の生活はそうではなくて、便利がないからこそ自分で試したり、人に聞くしかない。不便だからこそ人とのつながりが増えていく。「土の子ハウス」は都心でもそんな暮らしを生み出すため、住宅に自然を入れるのではなく、住宅を自然の中に入れる様な設計計画となっています。

name 小野 康一郎　九州産業大学 工学部 住居・インテリア設計学科 2年　ID 15

## ID 16

山口大学 工学部 感性デザイン工学科 4年
name 丸毛 遼

### 文化の方舟　まちの舟人

山口県萩市浜崎は江戸時代、萩城下の港町として栄え、魚市場は国内有数の賑わいをみせるほどに発展した。現在は重伝建地区に選定されており伝統的まち並みが残されているが、水産業は衰退し水際の整備は行われていない。水辺を中心に発展してきた浜崎にとっての本当のまち並み保存とは、凍結的にまち並みを保存するだけでなく、まちが発展してきた背景である水産業や水辺の活動を残していくことも必要ではないだろうか。

## ID 17

大阪市立大学 工学部 建築学科4年
name 芥 隆之介

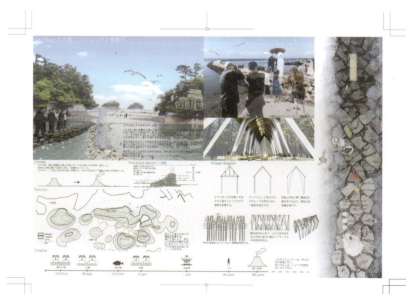

### Sacrifice -人生を、コミュニティを紡ぐ-

自然災害とその恩恵は常に表裏一体である。220年前、雲仙普賢岳の噴火災害に伴い、山体の一部が有明海へなだれ込み、対岸の熊本へ大津波が押し寄せ、15,000人の命を奪った。一方、その際土石流により形成された流れ山地形は、自然の防潮堤となり豊かな湊町を築いた。自然災害がもたらした恩恵を最大限活用するために、日本最古の漁法である石干見を建築的・土木的に用いる。潮が干上がり立ち現れる多彩な道は、続き間のように島々を結び、ハレとケの空間を演出する。色彩と時間は我々の人生を彩り、コミュニティを紡ぐ。

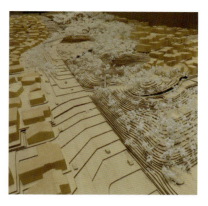

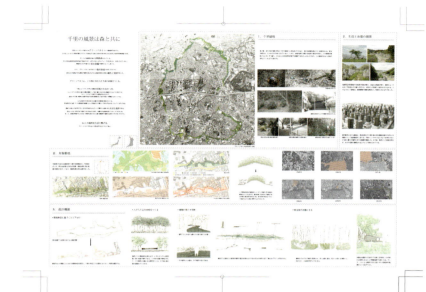

## 千里の風景は森と共に

開発によって生まれた街には場所との繋がりが無いように感じた。千里ニュータウンの周りにはグリーンベルトという緑地帯が存在する。その大半は具体的な活用方法が見出されず、大切にされていない。しかし、この場所には豊かな地形と植生がある。これはまちの財産だと思った。グリーンベルトにこの街に住む人たち為のお墓をつくる事で、生活と場所を繋げる。

ID 18　name 奥野 智士　関西大学環境都市工学部 建築学科4年

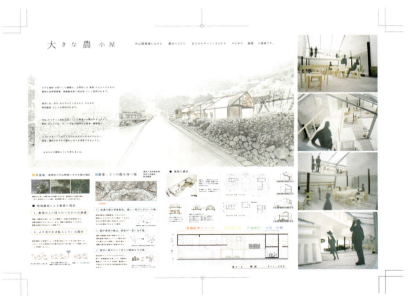

## 大きな農小屋

中山間地域における、農村の人たち、まちからやってくる人たちのための建築の提案です。よそからやってくる人たちのためだけにあるのではなく、都市、農村、それぞれの暮らしぶりを享受できるようなおおらかな場所について考えました。

ID 19　name 大迫 佑貴　九州大学芸術工学部 環境設計学科 4年

## ID 20

name ベン ライサミ　鹿児島大学工学部 建築学科4年

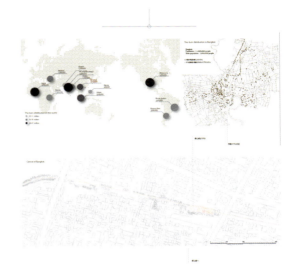

### 線上のアジール

タイ、首都バンコク。最小限の行政管理しか受けていない線路沿いのスラム。
それは、最大限の自由を与えられた場所、アジールでもあった。
雨水を中心とした新たなライフスタイルと線上空間、スラムと都市の境界操作と簡易インフラによる都市との接続を提案する。クリアランスではなく、スラムのアップグレード。

## ID 21

name 仲 浩慶　佐賀大学理工学部 都市工学科4年

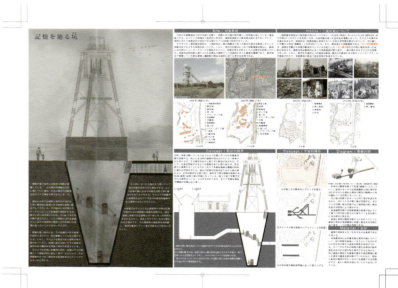

### 記憶を辿る坑

建築が建つ場所には多くの歴史と時間が蓄積されている。しかし、ただ単に'古いから歴史的価値がある。'という評価の裏には本当は暗い過去が存在したりもする。そのような過去も含めて本当の歴史的価値がある建築と言うのではないのだろうか。
本提案ではそのような、暗い過去や経験等を建築空間で表現した博物館を設計する。また、同空間内に歴史的な事象を絵や写真と共に展示する事により、既存建築のもつ歴史と新設する建築とが調和された場所をつくり、構成に語り継がれる建築を目指す。

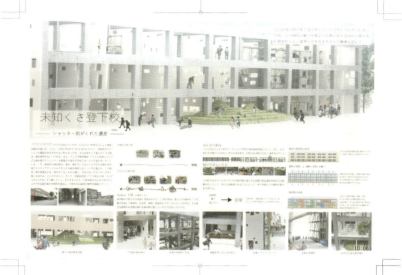

## 未知くさ登下校

シャッター街になった商店街。昔は、地域の人の溜まり場、子供たちの道草などの風景が見られた。しかし、現在は、そういった風景がみられなくなった。だけど、子供たちが道草をしたいという気持ちは変わらない。なので、今回僕は、子供たちのチカラを信じて子供たちにこの町の未来をたくした。この商店街はいずれ一気に壊される。それは、風景を壊し寂しさを感じさせることになる。そのために今回、足場を使い、ダラダラと子供たちと一緒に壊していき、子供たちの道草を誘発する空間を採掘していく。

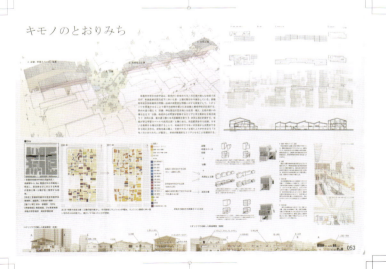

## キモノのとおりみち

対象地は歴史的に京染のキモノの生産が盛んな地域であるが、和装産業の活力低下に伴い工房・工場の数が年々減少している。後継者不足や技術継承の問題、地域の建築的な問題に対する提案として、トオリニワを貫通させることで個々の建物を繋いだ京染職人養成学校を計画する。地域の中でキモノの生産から消費までの流れを作ることで、反物を運ぶ職人・生徒やキモノを着た人々が行き交う「キモノのとおりみち」が復活することを期待する。

ID 24

name 武谷 創　　九州大学芸術工学部 環境設計学科 3年

### ふるさとを継いでゆく
### ～祇園町銀天街アーケード小学校～

衰退の一途をたどる商店街のアーケードを空間化し小学校を設計する。空き地は小学生の畑や庭になり住民の東屋になる。空き家は美術室や音楽室になり作品や歌声が商店街を彩る。頭上からは小学生の声が降り注ぎ、ストリートは街のランチルームに、大階段はステージになる。どんなに無秩序な風景でも故郷の風景であることに変わりはなく、その風景を構築してきた要素を踏襲し豊かに将来に受け継いでゆきたい。その思いから本計画を提案する。

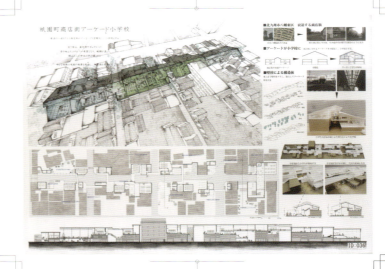

---

ID 25

name 土橋 泉咲　　九州大学 工学部 建築学科 4年

### 変容する家の輪郭

消費社会の中では住宅、あるいは住宅地も消費され消えてゆく。しかしその一方で新しいものは作られ続けている。それらの動きはまったく関係のないところで、でも同時に起こっている。無関係な淘汰と創出ではなく跡を残しながら壊されていくものと、今あるものの名残を受け継ぐようにつくり出されていくもの、そしてそれらによって生まれる新しい風景や関係性を提案する。

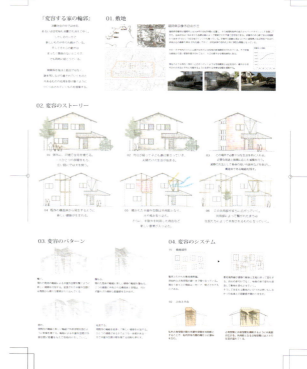

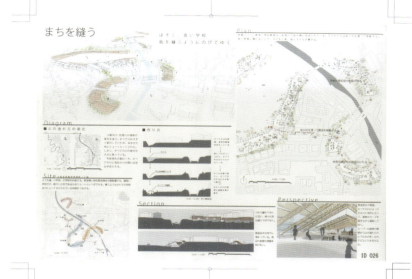

## まちを縫う

ほそく、長い学校。
街を縫うようにのびてゆく。
右岸には昔から住む人々。左岸には新たに移り住んで来た人々。
川を挟んだ両者の関わりは希薄である。
とても長い学校は、川をまたいで右岸と左岸を行き来する。
川の左右を行ったり来たりする学校は、古い街と新しい街とを
縫い合わせてゆく。

ID 26　name 久保 晶子　大阪市立大学 工学部 建築学科 4年

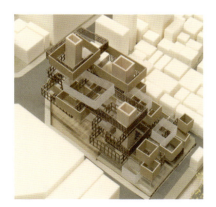

## 書の積楼

出版発祥の町、学生の町、京都において都市の顔となる図書施設を提案する。市内の図書館はRC壁に囲まれ内部の活動は表出しない。また、グループ学習や書評合戦など、これからの施設の使われ方に対応していない。プログラムをBOXとして細分化、カフェやアトリエ等を付加し、積層による再構築を行う。隙間にはガラスのアトリウムを置き、BOXでは静、アトリウムでは動の活動が行われ、街に新たな賑わいを生み出す。

ID 28　name 小池 潤　立命館大学 理工学部 建築都市デザイン学科 3年

ID 29

name 野嶋 淳平　九州大学 工学部 建築学科 3年

## 街を吸い込む空隙管

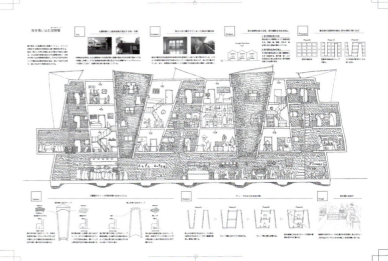

建て詰まった低層住宅と高層マンション・オフィスが混在する博多区冷泉地区に建つ集住体を考える。街は一時として同じ状態にはなく、絶えず変化し続けている。そんな街の表情を変化させる要素を地上・天空から吸い込む空隙管を設計し、それらで住戸を挟むことで集住体は居住性能を高め、街とのつながりの中で表情を変化させていく。

ID 30

name 市井 暁　名古屋工業大学 工学部 建築・デザイン工学科 学部 3年

## 反転の技法

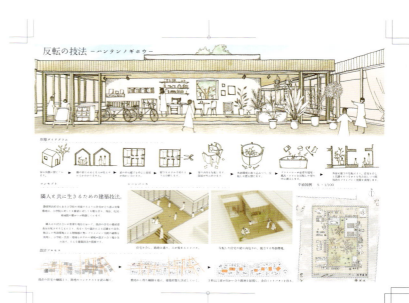

静岡県浜松市にある小学校と対面するように住宅が立ち並ぶ対象敷地は、小学校に対しても隣家に対しても壁を作り、現在、住民・地域間の繋がりが断絶しています。隣人との付き合いが希薄な現在において、既存の住宅の構成要素を反転させることにより、住まい方の露出による近隣との共生、独立した外部環境による閉塞感の無いプライバシー空間の確保を実現し、小学校・住居・地域それぞれの領域が混ざり合う場を生み出す、そんな建築技法の提案です。

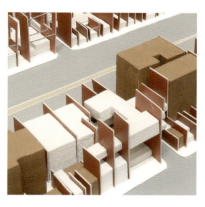

## 時を映し出す型枠
### ～ヒト、モノ、コト、キオク～

近代化により情報技術が発達し、「買い物をするならネットで購入する」というひとが増え、モノを提供する商業施設の在り方が問われてる。これからの店の在り方は単にモノを売るだけではなく、人や物、出来事のつながりが生まれるような空間にしていく必要がある。そこで、今回特に減少傾向にある書店をターゲットとし、本の街と呼ばれる東京の神保町で街の記憶やヒト、モノ、コトを繋ぐ建築の建て方、システムを提案する。

ID 32　name 小泉 宏基　立命館大学 理工学部 建築都市デザイン学科 4年

## 折り重なる舞台

敷地は古代都市奈良県桜井市。この場所は古事記・日本書紀・万葉集の舞台となり、人々の記憶は大地に刻み込まれてきた。1900年以降、交通網の発展により吉野杉の集積地として栄え、街は木材団地に囲まれ、新たな場所との関係を見いだした。しかし、国内産木材需要低下の流れを受け、その風景は失われつつある。木材生産の場を記憶の大地に折り重ねていき、場所との新たな関係性を生み出す劇場と木材集積地の提案。

ID 33　name 田中 匠哉　名古屋工業大学 工学部 4年

ID 34

早稲田大学 創造理工学部 建築学科 4年

name 田 紳華

## くらしの窓から

画一的な窓やバルコニーが並び住人の生活が伺いしれない建物が街中に蔓延し、人々はマチに興味を持てなくなっている。自由な立面を獲得するはずだった水平連続窓は、現代では退屈なカーテンウォールばかりを生み出している。そこで、2つの街を隔てている土地に様々な窓を組み合わせて、次世代の豊かな集合住宅の空間を提案する。インド人やアラビア人、88歳の哲学者と小学生にフランス人、属性の異なる人々がそれぞれのくらしにあった窓を持つ部屋に暮らし、住む人同士は中庭から窓をとおしどんな人が暮らすのか思い描くことが出来る。

ID 35

神奈川大学大学院 工学研究科 建築学専攻 博士前期課程 2年

name 中村 慧睦

## 忘れない建築
### ～2020年ドバイ万国博覧会における日本館の提案～

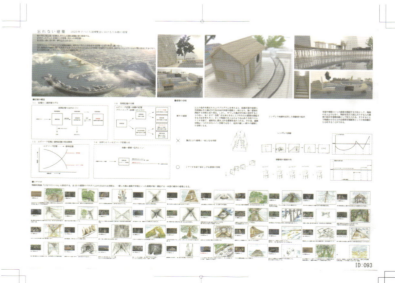

断片的に残る深い記憶は、その人の潜在意識と強く関係する。好きだったアニメ、友達とした喧嘩、辛かった部活動…。私は幼い頃に見た怖い夢を忘れられない。世界中の全ての人にとっての建築体験も、例外なくその人を形成する記憶へと成り得るに違いない。仮に建築家が建築を通して利用する多くの人に与えられるものが空間の快適性や利便性、良好なコミュニケーション等にあるとするのなら、私は建築を通してその人に何かしらの痕跡を残したい。

## 軸線の再編集による商店街の市場形成

地方都市商店街の衰退に対する提案。従来のアーケード空間が持つ見通しの良さや道幅の広さといった特徴は商店街の衰退をより誇張している。そこで、片側アーチの連結によって構成される軸線で空き店舗をつなぎ、アーチの重なりや連結によって新しい商店街をつくる。軸線でつながれた空き店舗に商店街内での一種の一等地のような特別性を持たせ、軸線上にできた場や空き店舗に導入された新店舗が既存店舗に影響を与えるような市場空間を形成する。

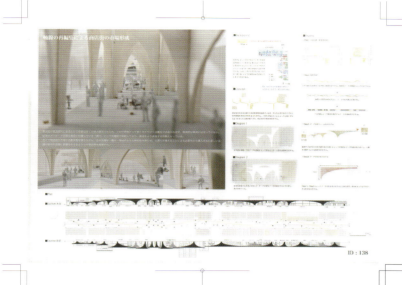

ID 36　九州大学芸術工学部環境設計学科 4年　name 堀江 壮

## 意識しない建築

生活の中で建築との距離を感じた。建築からはなれても近づいても、建築が身体スケールを超えた大きなものに見える事が建築との距離を感じる原因ではないだろうか。下北沢のまちは小さいスケールのものが集まり、様々な形の線を見ることができる。線が増えることで細部へ意識が分散され全体の形が認識しづらくなる。線の量が街の中で建築としての存在を保ちながら、線の量が身体スケールまで増えたとき建築の形が消える。線を重ねることで、内部空間の奥行きが変わり、その歪みが空間の広がる方向を決めていく。敷地周辺は住宅と商業が混在しており、表参道から視線が抜ける位置に意識しない建築を置くことで、都市との境界を持たない公共建築を提案する。建築との距離の原因である壁を分解すると柱になる。機能に合わせて柱の位置を変え、視点の位置によって柱の重なり方も変化し壁のような働きを持たせる。階段や浮いたスラブによって建築の硬さや重さを感じさせず、林のような空間の中を巡らせる。美術図書館は発見を楽しみ、好きな場所を選びながら空間を周り、制御されない自由な空間となり生活を豊かにする。

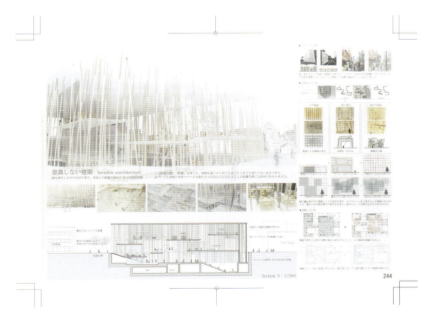

ID 37　東海大学工学部 建築学科 4年　name 伊藤 信舞

ID 38

name 國友 拓郎　熊本大学 工学部 建築学科 4年

矩形の地

機能的で機械的。規格化されていく住宅。人間にとって住宅は機械であってはならない。住宅にはもっと人間を人間たらしめる空間が必要ではないだろうか。私は自然的な空間にこそそれを見つけられると考える。自然は偶然の産物である。建築での自然を、偶然性を孕む空間の分割手法により創造する。
人が住まうための機能主義的に計画された最小限の居室。これに内包され、積層する地形のような広大な共用部。これら『機械』と『自然』の衝突により歪む空間は学生のアンニュイな生活に変化をもたらす。

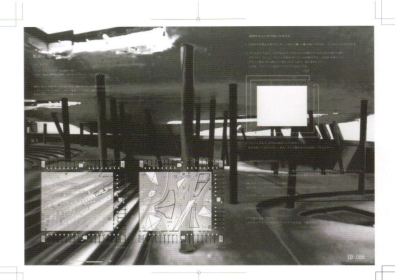

ID 40

name 杉山 雄一郎　熊本大学 工学部 建築学科 4年

8.9.11.02

1945年8月9日11時02分、長崎の地に原子爆弾が投下された。原爆により大勢の命が奪われ、大勢の人々が苦しんだ。しかし過去にこのような凄惨な事実があったという記憶が時代と共に風化しつつある。そこで本提案では、この原爆の歴史・記憶を風化させないために、原爆による恐怖や事実を空間化する。私は、石田雅子氏の原爆手記よりセンテンスを抜粋し、そのセンテンスを空間化した。資料では得ることの出来ない原爆の記憶を体感する。

## 風景との向き合い方
### ～不知火町の田園における人の居場所の新たな提案～

川のせせらぎや虫の声、トラクターの音や住人の交わす挨拶、表情を変える風景。それらこそが住人の居場所を作り出しているように思います。都市化し勢いよく変化する周りの町とは対称的に、不知火町では農業を守る取り組みが行われています。この町に今ある風景を何十年先も継承していくために、住人が風景と向き合い、ここが自分の居場所であると再認識できる付け足し建築を提案します。これらは、何十年も住人により受け継がれ、付け足し建築さえも住人の居場所を作り出すことを期待します。

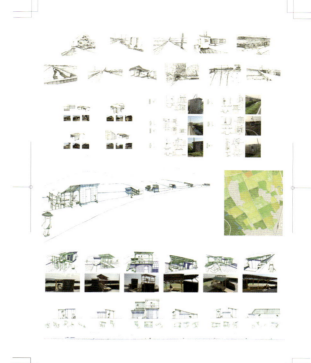

name 山口 史　九州産業大学 工学部 住居・インテリア設計学科 4年　ID 41

## 大人の城はこどもの山

現在、被爆建物を利用した店舗でパン販売やレストランなどを経営する広島近年、オフィス空間の環境向上を目的に、従来の閉じられた空間から開放的な空間や緑化された空間が多くつくられている。一方、学校の敷地は、安全の確保のために関係者以外に開放されることがないため、地域への開放が求められている。こうした現代のオフィスと学校が抱える問題を解決するために、キャンパスが一体化したおもちゃ会社のオフィスビルを提案する。大人の空間に、子供の空間が挿入されることで、空間に新たな可能性が生まれる。

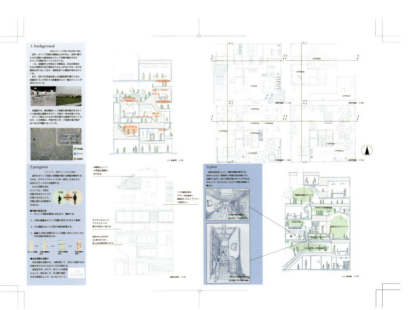

name 古賀 壮一朗　和歌山大学 システム工学部 環境システム学科 3年　ID 42

ID 43

name 石田 和久

工学院大学 建築学部 建築デザイン学科 4年

はなみのうつわ

花見とは日本独自の文化であり、世代関係なく楽しめるものである。しかし、現代の花見はひとりよがりな使い方がされており、人々の行為に対応しきれていない。花が咲くと人々は集まりだし、花が散ると人々はいなくなる場の変化に着目し、江戸から花見の場として有名な飛鳥山に花見のための仮設建築をつくることを提案する。

ID 44

name 佐藤 瑞記

熊本大学 工学部 建築学科 4年

LANDFORM MALL
〜地形に寄り添う建築〜

建築をつくるために平にされた地形。大規模な開発によって失われた地形には、その地特有の魅力があったはずである。再開発により造成された敷地にかつての地形に沿ったスラブを挿入し、街のスケールを取り入れた建築が地形に影響を受けながら配置されることで、この地が持っていた街並み、人々のアクティビティを取り戻す。周辺との関係を持たない無秩序な開発ではなく、地形に影響され、環境と対等な関係をもつ建築の提案。

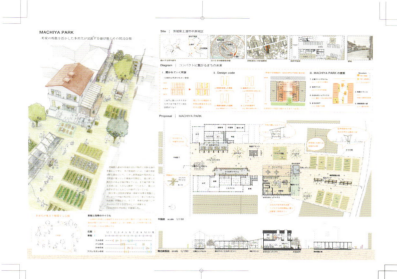

## MACHIYA PARK
～町家の特徴を活かした多世代が交流する遊び場とその周辺改修～

茨城県土浦市中央地区は江戸時代に水陸交通の要衝として栄え、水戸街道沿いには、土蔵や商家が軒を連ねていた。しかし商業施設の郊外化により町家が建っていた敷地が空洞化し、道に対して奥行きのある空地が増えている。また城下町である土浦には、大きな公園が一つしかなく、新しい世代がまちに入ることの妨げとなっている。2015年に市役所が駅前へ移転する事を契機として、かつての城下町が持っていた「歩いてゆける生活圏」が復活する。そこで、多世代が暮らしやすいコンパクトなまちづくりに貢献する「MACHIYA PARK」を提案した。

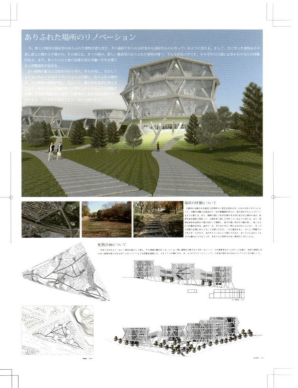

## ありふれた場所のリノベーション

今、多くの場所は量産型のありふれた建物が建ち並び、その連続で作られる町並みも退屈になっているように思う。そんな状況でも、それぞれの土地には特徴があり、多くの人は土地の急激な変化を嫌う。古い建物の魅力とは何かと考え、それを生かして、よりよいものとするリノベーション同様に、ありふれた場所を、その場所の特徴を生かして魅力的な場所に変え、好感を持って受け入れられる状態を目指した。設定した敷地は、ありふれた郊外の一角の、人にあまり利用されない公園である。

ID 47

name 春山 祐樹　法政大学 デザイン工学部 建築学科 3年

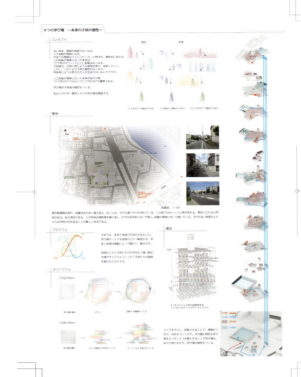

9つの学び場
～未来の子供の個性～

近い将来、教師が教師でなくなる。
人工知能が教師になる。
今までの教師はファシリテーターと呼ばれ、補佐役に変わる。
人口知能が教師となった未来は、"どう学ぶか"ということに差異はなくなる。
子供達は、平等に同じような教育を受け、成長していく。
しかし、これにより子供の個性がなくなり、将来同じような考えの大人が生まれはしないだろうか。
人工知能が教師となった未来が訪れた時、"どう学ぶか"ではなく"どこで学ぶか"が重要である。
学び場が子供達の個性をつくる。
私はこの小中一貫校に9つの学び場を創造する。

ID 49

name 原田 良平　佐賀大学大学院 工学系研究科 都市工学専攻 2年

場所が記憶してきた在り方の作法

まちは建築の在り方を憶えている。
昔からまちなみを変えることなくかつての人々の生活や文化のかたちを継承してきた歴史的なまちなみ。この場所に存在してきた建築を忠実にトレースしてゆくことだけがまちなみを継承することの答えになっているのだろうか。
場所に残る建築形態の記憶を継承し、文化をただなぞっていくだけでなくこれからのまちなみの端緒となる一つの設計の作法を提案する。

  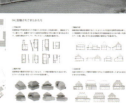

## 塔の界隈

塔は知識、界隈はそれを選び暮らす日常と大衆娯楽の場をつくる。場所の精神や要素を選択し新しい街を成長させていった代官山ヒルサイドテラス。それより昔からの代官山の地形と町割をもつ敷地に本の塔を挿入することで切り取られた町の一部が図書館として機能していく。現在の代官山に対しかつて代官山が持っていたような間を塔と空間の関係によって考える。

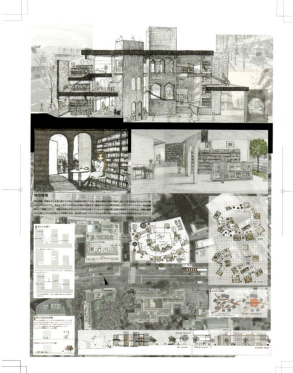

name 下川 翔平　千葉工業大学 工学部 建築都市環境学科 建築設計コース 3年　ID 50

## 壁地の編

建築と土木は一般的に別々に考えられる。それは経済面や安全面を優先的に考えなければならない状況が多いからであろう。そのようなアプローチにより原風景の良さは失われ、特徴ある魅力を活かせない計画は多く存在する。
土木造成と建築の課程を平行して考えることにより生まれる、擁壁地の新たな風景を提案する。

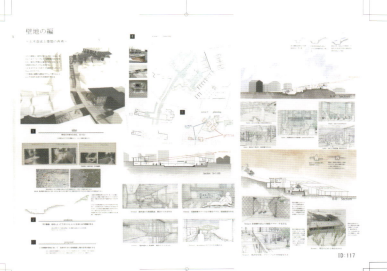

name 露木 智士　京都工芸繊維大学 工芸科学部 造形工学課程 4年　ID 51

ID 52

name 霍口 信也

九州大学芸術工学部 環境設計学科 4年

木織りの律度

かつて巨大木造建築熊本城を中心に発展した街熊本。現在ではその姿と機能は失われ、まとまりなく街が発展してきた。この提案は、現代の熊本城として、遍在する街のプログラムの合流地点を対象敷地とし土と木が織りなす空間を創造する提案。

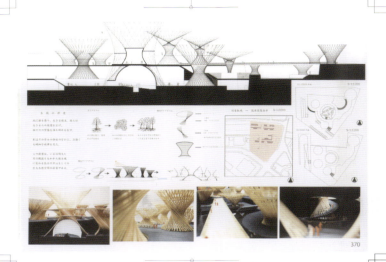

ID 53

name 長尾 謙登

九州大学 工学部 建築学科 2年

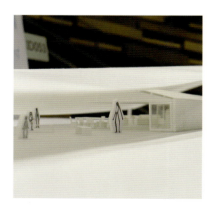

大海を知る井の中の蛙

建てられているときはこの大きい窓からの眺めはさぞかし良いだろうと思っても、実際に住み手が入るとカーテンを閉めたりあるいは雨戸まで引いたりする家ばかりをこれまで見てきました。外からの視線というものは自然現象のようなもので、内からの意識はアンテナを張っている状態だと言えます。やりたいことはアンテナの受信量をできるだけ少なくすること。
大きい屋根をかけました。

## 都市に舞台を置く
### 〜或いは観客席〜

劇場における「見る・見られるの関係」は場所や人によって立場が決まってしまう。また、劇場は公共空間でありながら目的がなければ訪れにくい場所でもある。そこで劇場の要素を再構成し、目的なく人の集まる公園の要素を取り込むことで、新しい「見る・見られるの関係」を生む劇場を提案する。そこでは「見る・見られるの関係」が多様化・流動化することで、市民の芸術活動への参加が促され、この地域のコミュニティや文化の向上につながる。名古屋に広がるリニア・住宅街・オフィス街。その中心に地域利用者が活躍する舞台、あるいは観客席をおく。

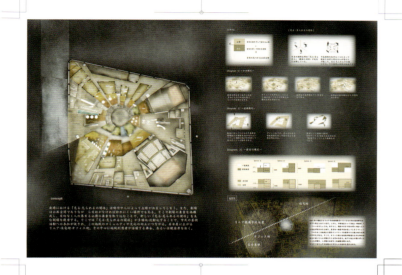

name 陣 昂太郎　名古屋大学 工学部・環境土木・建築学科 3年　ID 54

## マチの綻び
### 〜不完全がつくりだす　Nippori Co-Creation Atelier〜

今、多くの場所は量産型のありふれた建物が建ち並び、その連続で作られる町ミロのヴィーナスを見た際、腕の形や向きを想像した。不完全なものに人の意思や想像が加わる事で不完全が自由な発想をもとに完全を超えているのに魅力を感じた。そこで、合理的な形である立方体に着目し、不完全な立体を作るためにエッジを取り出す。立方体という3次元の形態を最低限保証するエッジ3本から4本、5本と増やしていき、不完全な立方体という条件を満たすエッジ11本までの不完全な立体、全122個つくりだす。エッジに面をつくり、日暮里繊維街で多く取り扱っているハギレを用い、ほつれているように面をエッジから離す。そうしてできた不完全な立方体を、ハギレを繋ぎ合わせてつくるパッチワークのように繋ぎ合わせて1つの建築をつくる。そうしてできた建築は、不完全で、使用している人の意思や想像が加えられる余白を持つ。本来の工房の領域から溢れ出し、外部に広がる。
繊維産業を体感することにより、繊維街の良さを知る場となる。そして、服飾系の学生はプロの工房と交流することにより、新たな発見がうまれ、発展、発信の場となる。

name 辻川 巧　東海大学工学部 建築学科 4年　ID 56

ID 57

name 伊藤 杏里　九州大学 工学部 建築学科 4年

豊後森再編

豊後森に残された機関庫と童話の歴史。地域が大切にしてきたものをそのまま保存するのではなく、再編することで町は新たな魅力を得る。廃墟にステンドグラスの光がさす童話のミュージアム。

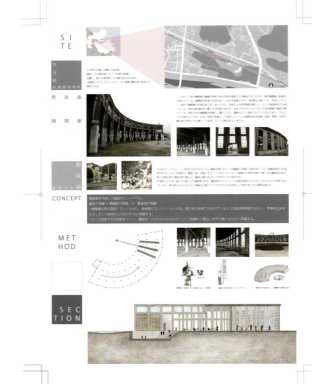

ID 58

name 山田 草人　九州大学 芸術工学部環境設計 4年

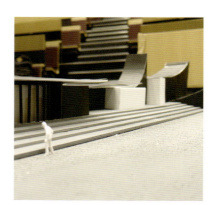

語るヒカリ、時間との出会い

杉本博司の美術館である。作品からインスピレーションを得て、「光と影」「生と死」「古と今」「静と動」これらの対比を建築に落とし込んだ。作品と向き合い作品と共鳴するような空間を考えることでここでの空間体験が杉本博司の作品そのものとなるのではないだろうか。人々は細い暗闇に引き込まれ歩んでいく中で写真と出会い、光と出会い、神と出会い、そして作者を知る。

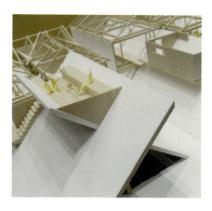

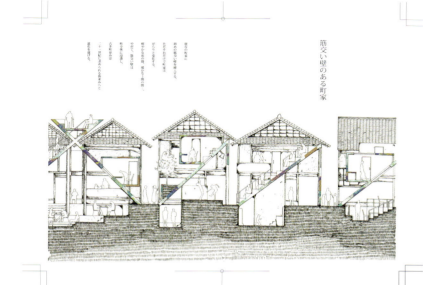

筋交い壁のある町家

## 筋交い壁のある町家

福岡県八女市本町にある町家のリノベーションを行う。町家断面に対し、対角線に斜めの板を挿入する。この斜め材は、筋交いとして既存町家の構造を強化しつつ、がらりと今までの空間構成を一新する。一方は高い天井高に広い空間、もう一方は分棟による軽やかな空間。現代的でありながら、その空間は、床と土間の性質、すなわち高床住居と竪穴住居の性質を受け継いでいる。
やがて斜めの板材は町全体に浸透し、町家の奥では新たな街並みが形成される。

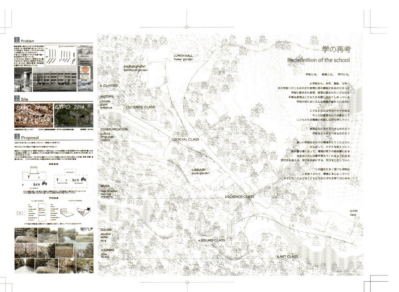

## 学の再考
~Redefinition of the school~

学校とは。教育とは。学びとは。
未来の学校の在り方を教育と学びという関係から再考します。戦後日本は近代化を掲げ国の復興を進めました。国力を底上げするために平等な教育が広がりましたが半世紀以上つづくステレオタイプ化された教育は均質に繰り返されこどもたちは学校の中に閉じ込められてしまっています。進学するためだけの教育に意味があるのでしょうか。
学校とは学びというこどもの側からの働きかけに基づいて教育が行われる場と考え、場のコンテクストを学びの要素として取り入れた小学校の提案です。

ID 61

name 江嶋 大輔　崇城大学 工学部 4年

## 木になる水
~県営住宅長寿命化による、水、森林再生計画~

木に水を実らせる。
熊本は、水道水源の全てを地下水で補っている日本で唯一の都市である。
だが現在、地下水は減少の一途を辿っている。
熊本の誇りである水を守りたい。
そのためには、森の再生が必要となる。
大量に伐採される木の活用方法と耐震補強が必要な県営住宅に着目する。
将来的に需要の低下が予想される県営住宅は、桟積による木の乾燥、利用、出荷場所とすることで、木材を一時的でなく持続的に活用する場となり、木材を組み込む耐震補強によって、樹の香りに包み込まれる。
木を建築に組み込むことで、木の需要を促し、森を再生させる。
そうして、木々は、その枝葉に水を実らせる。

---

ID 62

name 小林 洸至　名古屋工業大学 工学部 建築デザイン学科 4年

## 緩やかな天井、落ち着いた部屋

不便な家—肉体的に不便で、精神的に自由な生活—人々は、様々なものを発明し快適で便利な生活を得た。骨の折れる仕事から解放されたが、同時に、本質的なものまで失ってしまったのではないだろうか。その問いに対して私は、天井の低さから生じる不便な身体感覚を用いて、"空間の移動のしづらさ"が家族の間にプライベートな領域を与え、居心地の良い距離感を生むような住宅を設計する。

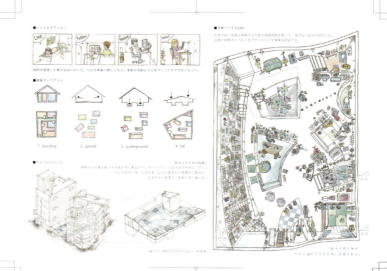

ID 63

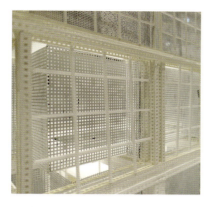

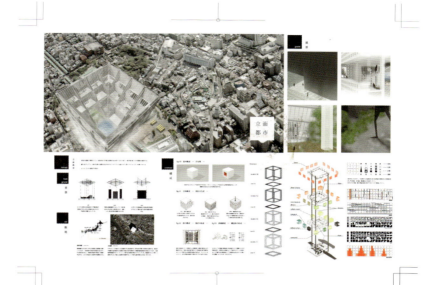

## 立面都市

集密し、均質化しつつある現代の都市空間では人々と都市計画の間に乖離が生じ始めている。そこに縦にのびる都市計画とその基盤を提案する。新しい計画面は空中に敷地とコンテクストを生み出す。我々クリエイターはこの基盤にどんな建築や風景を与えられるだろうか。

name 川谷 大輔　九州大学 工学部 建築学科 4年

---

ID 65

## TOKYO 2020

5年後に控える東京オリンピック。その期間中に注目を浴びるのはメジャースポーツだけであるが、競技人口というスケールで考えたときにオリンピックの競技種目以外のマイナースポーツも十分スポットライトを浴びる価値や意味はあると思う。そこで、駅から会場までの導線上である代々木公園内に多種多様な競技をプロットし、一般の人々もスポーツをすることができる参加型システムを考案する。その際に偶発的に必要となるインフォメーションセンターなどや、パブリックビューイングできる広場を各所に設計した。都市の中に存在する巨大な避暑地での人々の文化的交流と、スポーツの今までにない新しい楽しみ方を提案する。

name 藤澤 佑太　近畿大学 建築学部 建築学科 3年

ID 66

name 藤関 利光　立命館大学 理工学部 建築都市デザイン学科 4年

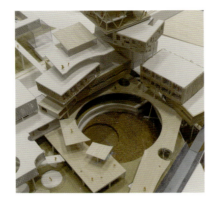

## 煙火の紅灯

花火文化の再興を考える。
敷地は愛知県岡崎市。徳川家康の生地であり、日本の打ち上げ花火の発祥地である。夏の風物詩として知られる花火文化は栄えているように考えられる。しかし近年、おもちゃ花火場は消え、国産花火は外国産によって減少し、私たちの周りから日本の花火は消えつつあるのは知っているだろうか。かつて花火文化で栄えたこの岡崎市で、日本初の花火体験場施設を設計することで、花火文化の再興を考える。

---

ID 67

name 高尾 昂大　九州大学 芸術工学部 環境設計学科 2年

## 浸透していくひとり

八女市の福島地区は複雑な堀によって形作られている。水路は人々の生活の風景の中にあり、薄暗い水中空間は人々の生活に浸透している。埋め立てられずに保存されている池の上に屋根裏で薄暗い堀空間を比喩的に建築化したものを作り、水面レベルにみんなの居場所、二階の屋根裏には一人の居場所をつくる。薄暗い空間では身体感覚は拡張していく。屋根裏には床のボイドを通ってきた反射光だけであり、光と賑わいが反射してくる。堀と人々の関係性を再構築することで、一人と集団が同じところに存在できる。様々な風景に一人は浸透していく。

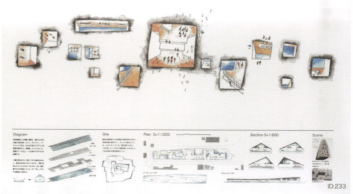

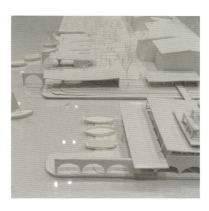

## 渚の花

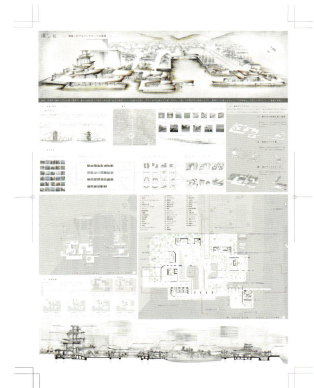

故郷、滋賀県大津市なぎさ港周辺部、静かな波の音と心地よい風が通り抜ける湖畔沿い、ここには朝日に照り、夕日に染まる雄大な湖がある。このまちの魅力である湖の風景が刻む時間のリズム、環境をより豊かなものとして再構築し、空間へと還元していく装置、湖国のランドマークを提案する。

name 廣田 竜介　立命館大学 理工学部 建築都市デザイン学科 4年　ID 69

## 「まち」的要素を兼ね備えた住宅群

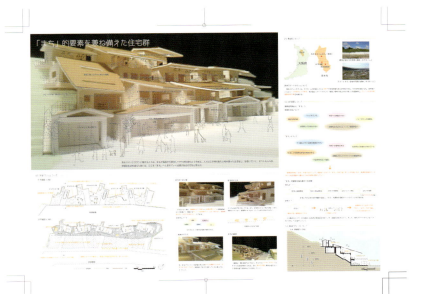

大阪府茨木市に588戸が建ち並ぶ新興住宅街が計画中であり、そこに5棟の斜面型住宅群を提案するコンペティション。新興住宅街には、ご近所付き合いやカフェでお話をする人々など住民同士の交流を見る機会は少ない。そこで私は、「まちのたまり場」、「まちのテラス」、「家族のテラス」、「まちの屋根」などの、「まち」的要素から成る、5棟の住宅群を1つの新たな「まち」として提案する。

name 三輪 幸佑　高知工科大学 システム工学群 建築・都市デザイン専攻 3年　ID 71

ID 72

name 田中 健人　神戸大学 工学部 建築学科 4年

表出のまほろば

時代・技術の進歩とともにわたしたちの生活は便利になってきた。
しかしその過程でわたしたちが失いつつあるもの。
人間っぽさのにじみだす風景。わたしたちが本来もちあわせていた人間っぽさを取り戻すきっかけとなる場所。
時代が転換期を迎える今、建築と人の関係を問う。
これは再開発でも懐古主義でもない時間の中で成長していく未来への物語。
100年後のわたしたちへ。

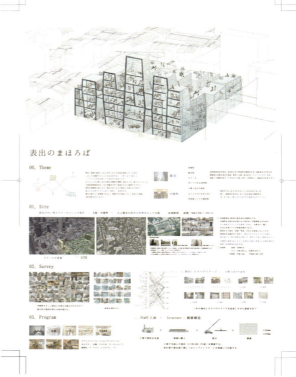

ID 75

name 安田 早貴　九州産業大学 工学部 住居・インテリア設計学科 4年

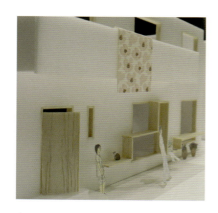

窓辺から広がる暮らし

全ての住宅には窓があり、窓辺が存在している。窓は唯一外と繋がる場所であり、唯一自分自身を外と向けて表現出来る場である。そんな窓辺はもっと自由であって欲しいという願いから本設計に取り組んだ。窓辺から生活がにじみでた住宅は住人に代わって自己紹介をするかのように近所の人との仲をとりもってくれることに期待して。

仮死蔵

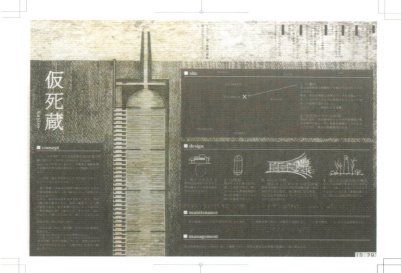

今、"本を読む"とう行為が紙の本から電子書籍に変わりつつある。Amazon、Google、appleなどの参入によって、今後電子書籍市場の本格的な普及期が訪れることは間違いない。そして、紙の本はどんどん利用されなくなるだろう。
わたしは、本を「仮死蔵」するための建築を提案する。
ここに10年、100年、1000年とただひたすら"仮死状態"の本を収蔵していき、建築自体がタイムカプセルとなって「人間の知」を未来へ継承していく。

name 國武 美久　多摩美術大学 美術学部 環境デザイン学科 4年　ID 76

人道のコンソーシアム

我々にとって最も重要な場所は、日々の生活空間である。本来病院とは、人々を閉じ込めておく場所ではない。心や体を病んだ人々を一旦受け入れて日常生活を送りながら心と体のリハビリを行う場である。リハビリ空間を生活空間の延長と位置付けるために病院という一つの施設だけで治療を完結させるのではなく、街全体に展開した新たな病院の在り方が求められている。

name 川村 眞弘　立命館大学 建築都市デザイン学科 4年　ID 77

ID 78
name 上田満盛　大阪市立大学 工学部 4年

こうかとやね。

まちを距離的、視覚的に分断する高架。一方で、高架の上を走る電車による風景はこのまち固有の風景ともいえる。この高架に大きな屋根を用いて、この高架を中心にまちが繋がる新たな高架の姿を提示する。それは、見たことないはずなのだけれども、見たことある様な、まちの連続としての新たな高架とやねのまちの風景。

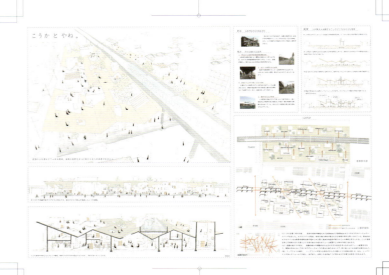

ID 79
name 古園さわ　九州大学 芸術工学部 環境設計学科 4年

REAEON

さびれたシャッター街、車のゆきかうロードサイド、人のみえない郊外の街。この街で唯一人が集まり、にぎわいがみえる場所はイオンだった。人が減り、過疎化が進んでゆく次の時代、たくさんの個人が生きる場所が交差して生まれる人風景はどうなるのだろうか。人を集めることができるこの場所の可能性を考えたい。

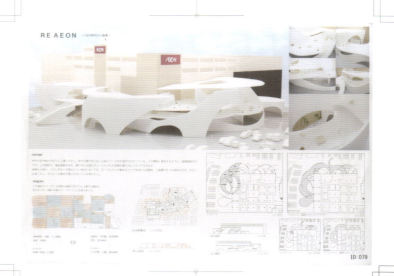

## 生死者の棲家

都市において、弔う者が居なくなってしまった無縁仏と死に場所が無い単身高齢者のための住宅の設計。死に場所のない高齢者は終の棲家を求め、死してなお居場所を求める無縁仏。これは生きる者と死ぬ者、両者のための居場所の提案。

# 20周年企画 デザインレビュー 20周年座談会

今年で20回目の開催を行うデザインレビュー。
そこで節目の年となる今回、これまでのデザインレビューを振り返り、これからのデザインレビューの方向性を話し合う。登壇者には学生時代や現在、デザインレビューに様々な関わり方をしていただいている方々を招いた。

## デザインレビューの誕生

平瀬：デザインレビューは、私が佐賀大学に着任したのが2008年なのでその時から7年ほど関わっていますが、今年20回目ですからちょうど3分の1くらいで、前の3分の2くらいは全然知らないので、皆さんのデザインレビューとの関わりをまずお聞きしたいです。一番よく知ってらっしゃるのが末廣さんですよね。当時どうだったかとか、そういうのを少し話して頂けますか？

末廣：そうですね、この中で最年長…いつの間にかね（笑）。最初に学生デザインレビューを始めようってことを言い出したうちの一人が僕なので。今から20年前、1994年に僕がちょうどオランダから戻ってきて九大で助手をやるということになって。その時に、最初はこんなことやろうとは全然思ってなくて。当時言ってたのは井本（重美）さんと佐藤（俊郎）さんという、皆さんは学生はあんまり知らないかな、福岡で、何といいますか、大御所というのか何というのか、いろいろ話題をつくって事欠かない方々がいらっしゃってですね。彼らがちょうどまだ若くて40歳…。

村上：44歳ぐらいですね。

末廣：まあそのぐらいの時に始めようと。まあ始めようっていっても別にデザインレビューを始めようっていうことじゃなくて。それぞれの大学で別々に設計の講評会とかをやってたんだよね、昔は。そういうのをもっとオープンにして、議論する場所をつくりたいという思いがあった。特に佐藤さんがアメリカの大学でそういうことを経験して。そういうのをいいなっていうことで、大学の垣根を超えた活動をしたいということを言って。福岡に結構面白い人がいるなっていうのと、あとは一緒に何かやろうかっていうので。最初はですね、5大学の設計の講評会をやろうと。最初のそのデザインレビューの（記録誌）を見るとそれが載ってるんじゃないかと思うんですが。各大学でどういう設計教育をやってて、それを見せ合いっこしましょう、というのから始めて。で、それをやってみたら結構面白いんだけど、ただそれだけだと課題だけになっちゃうので、一般の人たちがね、社会人が見てあまり面白くない。要はそもそも社会人が言い出した話なので、大学の中だけの話じゃあまり面白くない。それで、もうちょっと開かれたというか、まあ卒業設計とかも題材にして、何でもいいから持ち寄って議論しようじゃないかと。そこに参加した人が、皆で議論して楽しめる場所をつくろうじゃないかと。そういうところから始まったんですね。ですから、それで大学内だけの話と、デザインレビューとを別でやろうというふうになって。最初の年とか2年目くらいまで2つを別でやっていましたね。だから最初は5大学だった。福岡にちょうど大学が5つ、芸工と九大が一緒じゃなかったし。それから東和大学？という大学もありましたから。あとは福大と

村上 明生
（むらかみ あきお）

1974 東京生まれ
1998 福岡大学工学部建築学科 卒業
2000 九州芸術工科大学 博士前期課程 修了
2000 中村享一設計室 入所（～2004年）
2004 アトリエサンカクスケール株式会社 設立

末廣 香織
（すえひろ かおる）

1986 九州大学大学院建築学専攻修士課程修了
1986-90 SKM設計計画事務所勤務
1991-94 ベルラーヘ・インスティテュート建築大学院在学
1993 ヘルマン・ヘルツベルハー建築設計事務所勤務
2000-05 NKSアーキテクツ代表取締役
2005- 九州大学大学院人間環境学研究院准教授

　九産ですね。その5大学の先生方が集まって始めた、というのが最初ですね。それから20年ですからね、紆余曲折いろいろありました。途中知っている方もいらっしゃると思いますが、継続するだのしないだのああだのこうだのを経てレビュー自体も変わり、いろいろ変遷を経て現在に至るというところでしょうか。

平瀬：ありがとうございます。その次ぐらいの時期をよく知ってらっしゃるのが村上さんですよね？

村上：僕は1994年に大学に入学しました。冬、研究室というか、僕らの場合研究室所属じゃないので、研究室の前の廊下を通るとそういう5大学発表会みたいなやつが貼ってあって。5大学の中で批評を受けたというのが初めての経験ですね。で、その時に松岡恭子さんと末廣先生にこてんぱんにやられまして（笑）。

末廣：（笑）。

村上：リベンジして次の回も出したんですけど、これもまたこてんぱんにやられて（笑）。それでどうしようもなかったので松岡恭子さんのところにバイトに入ったっていう経験があります。僕らよりも世代が前の人たちはそういうものがなかった。講評会といっても学校の中の講評会だけで止まっていた頃なので。そういう面ではすごくいい経験だったなと思ってます。そこで集まったメンバーがまだ僕の周りにもすごくいて。この辺でやってた人間が一緒になってつくっているのがうちの会社なんですけど。それから、そういうのは返さないといけないと思ってデザインレビューを手伝っているんですけど、大変です。

平瀬：ありがとうございます。じゃあ井手さん、お願いします。

井手：僕は福岡大学に1996年に入学して、建築の設計をやろうと思ったのが大学3年生の後期だったんです。それで、1999年の3月のデザインレビューを見たのが初めて。その時に僕は大工さんになるつもりだったので（笑）。大学3年の時あるきっかけで設計を志して、レビューとはどんなものかと思って見に行ったら同世代の人が発表してて、何を言ってるかわからないんですよ。でもなんかすごいことを考えていて、「あ、これはまずいな。」と思って。そのときのクリティークが隈研吾さんと妹島和世さん、あと福岡から松岡恭子さんが出ていて。妹島さんのことは存じ上げていたので、妹島さんがどういうことを言うんだろうと思って聞いていたら、一番キレキレのクリティークをするのが松岡恭子さんで（笑）。自分が4年生になったとき、2000年のレビューに出させて頂いて、というのが僕のレ

ビューの始まりです。卒業して10年後、2010年に声をかけて頂いて、クリティークの方に、審査する側にまわらせて頂いて、というのがちょうど5年くらい前ですね。自分が出していた頃はまだ九州から集まっているという感じだったんですけど、それ以降全国から集まるようになって、イベントとしても拡大して、登竜門的な位置づけになってきたなというのが2010年に感じたことで。かなりこういうものが増えてきて、こういったものの位置づけもなかなか難しい時代になったなと思いながら今日ここに来た、というのが正直なところです。

平瀬：ありがとうございます。百枝さん、お願いします。

百枝：2004年、2年生のときに初めて出して、それで選んで頂いて、支離滅裂なプレゼンをしました（笑）。ポスターセッション時点で審査員の高崎正治さんとお話したんですが、「君、何か面白いから票あげるよ。」みたいなノリでした（笑）。プレゼンではアストリッド・クラインさんからは全然良くないと批判されて。山本理顕さんはプレゼン前は喋れてないんですけど、たくさん票を入れてもらいました。その時から「建築」っていろんな捉え方があるのだな、建築家によって考えていることはかなり違うんだな、と勉強になりました。2006年の卒業設計の時も出したんですが、その頃ちょうど登竜門のように全国の学生が出すようになっていたので、卒業設計だけを批評する会を前日にやったらどうかと思って企画しました。前夜祭に卒業設計を対象に学生で批評し合って、翌日は建築家が批評してくれるという流れです。

平瀬：出展者としての話も色々して頂きましたが、村上さんにもその話はして頂けますか？

村上：そうですね、僕は5大学発表会をいきなり出して。5大学発表会というのは課題のやりとりだった。僕は福大にいたんですけど、福大って教育が一級建築士の養成というところに重きを置いていて。それで出してみると、隣で芸工大生がもう何かわからないようなものを出していて。九産大生にいたっては白紙で出して「これが建築だ。」みたいな話が出ていて。何なんだろうなと思って。その当時の発表会というのは規模がそんなに大きくなかったんですよね、80人か70人くらいだった。それこそNHKの1階のホールとかでやって、NHKに訪れたお客さんも通りながらそこで評論したりしたのが思い出ですね。今はもう370作品とかになってますので。大きくなってきて、井手さんが言ったように登竜門的になっていますね。僕はもう本当に

**平瀬 有人**
（ひらせ ゆうじん）

1976 東京都生まれ
2001 早稲田大学大学院修士課程修了
2001-07 早稲田大学古谷誠章研究室・ナスカ
2007- yHa architects
2008- 佐賀大学理工学部都市工学科准教授

**井手 健一郎**
（いで けんいちろう）

1978 福岡県生まれ
2000 福岡大学工学部建築学科を卒業後、渡欧
2001-02 帰国後、イモトアーキテクツに勤務
2003-04 松岡祐作都市建築計画事務所に勤務
2004 「rhythmdesign｜リズムデザイン」設立

その場のエネルギーみたいなもので、九大の先生に見てもらったりとか、それが福大でやっていることと全く違うことを言っているので、先生同士で何かやってくれないかなとか思ってました。討論会みたいな。そういうことも思ったりとか、福岡のこの何キロ圏内の中で大学別にこんなに違うんですね。そういう教育の中で生まれていく建築にすごく興味があったというのはありますね。

平瀬：当時のデザインレビューというのは福岡外の応募者も？
村上：いや、その時はもう5大学の延長だったので。僕らの時は本当にもうソースがなかったというか、5大学に出る前は「博多デザイン倶楽部」というクラブがあって、そこに講演会に来た人たちの話を聞くぐらいしかなかったというのが正直なところで。ソースが大きくなったのが5大学とかデザインレビューだったなというのが実感としてはあります。
平瀬：それが井手さんぐらいの時になると他大学から？
井手：そうですね、熊大、と九州の。
平瀬：それでも九州内の大学ですか？
井手：が、ほとんどでしたね。
平瀬：それ以外のエリアからの参加はここ最近の傾向ですか？
井手：2002年ぐらいからじゃないですかね？
村上：うん、2000年超えたあたりからだと思いますね。
井手：僕が出てた時とその2年後ぐらいとでガラッと変わってた印象がありますね。
末廣：ちょうど2000年くらいに広げようと。そんな今みたいにこういうことをどこでもやってなくて。確かそれで「せんだい」が始まったのが2000年前後じゃなかったかな？
平瀬：2002年ですね。
末廣：それまではほとんど他でもやってなくて。割と細々やってたのを少し拡大して。東北大の小野田（泰明）さんと阿部（仁史）さんを招いて芸工でやったんだよね、「せんだい」の前に。それで彼らはそれを持ち帰ってこれは面白いということで向こうで始めたと。その頃からちょっと広げようかということで海外からも呼ぼうと言って、一瞬ね、「せんだいデザインリーグ」とかに広告を出して。それで台湾とか韓国から、学生が何人か来て、通訳しながらやったっていうこともありました。そういうことが波及して「せんだい」の方もやって全国まわる人が出てきた。
平瀬：僕が大学を卒業したのが98年度なんですよね。そういう卒業設計のクリティークというのが関東でもその頃はなかったですね。東京のJIAが唯一やってくれていて、そこが関東圏のいろんな大学を束ねてやっていた。だからやっぱり仙台以降というイメージがすごく強くて、関東の学生にとってもそうだと思うんです。2002年以降にいろいろ増えていて。特にこの間デザインレビューの実行委員の3年生と話した時に感じたのは、卒業設計だけじゃないっていうのがデザインレビューの特徴だし、それはすごくいいところだと思うんです。さっき百枝さんもおっしゃったけど、2年生とか3年生で入ると、それが卒業設計と同じくらいの力を持っているという評価がのせられるっていうの

百枝　優
（ももえだ ゆう）

1983 長崎生まれ
2006 九州大学芸術工学部環境設計学科卒業
2009 横浜国立大学大学院/ 建築都市スクール Y-GSA 修了
2010 隈研吾建築都市設計事務所
2014 百枝優建築設計事務所設立

久保 緩呂子
（くぼ ひろこ）

九州大学工学部建築学科3年
デザインレビュー2015実行委員長

はすごくいいことだし、建築ってそういうものじゃないかなと思ったりもしますので、その辺はすごくいいなと思いますね。

## デザインレビューの主体とは？

村上：レビューというのは先程の経緯があって、1990年代はほとんどそういうのがなかったっていう話から、2000年になってどんどんと卒業設計展みたいな話が出て。「せんだい」は1等を決めますよみたいな話で。その時までたぶんこちらの方は1等を決めるっていうよりかはレビューをすることを重視してたと思うんですよね。それからあれよあれよという間に全国で1等を決める戦いが始まりだして、それは面白いということでメディアにも取り上げられて、その中でデザインレビューも一時期1位を決めようみたいな話になって、それから色々やっていくうちに自分たちの主体はどこなんですかという話が出てきた。教育という立場でやっぱり1等を決めるというのも大切ですけど、1等を決めるのはもう他のところで決めてくださいと。先程言われたように、「せんだい」で敗れた人たちがもう1回レビューされることをを求めて来るという姿勢がその場合はやっぱりあったので。1等は決めないで、全体がレビューをしましょう、というように返り咲いていったというのが最近の話ですね。そこは続けていきたいなとは思ってるんですけど、そこに面白さがあるっていうことで学生と共有できればなと思ってます。

平瀬：ここ数年はどうですか？

村上：最優秀賞は一応あるんですけど、結局最優秀というのに審査員の票がばらつくので。昔は1等を決めるためにトーナメント形式でやっていた。トーナメントとなると、最初のトーナメントの第1次予選で議論がし尽されているので、決勝に行ったときは議論があまり起きない。そういうことが多くて、そういう議論は避けようということで今やめる方向にはなってると思います。

平瀬：そうすると最優秀賞とか優秀賞というのもなくなってきてますか？

村上：なくなった時期もあったんですけど今はあったりとかします。それは優劣の部分でつけなきゃいけないというのがあるかもしれないけど、それをメインにしないという話はやっぱりあると思います。

井出：僕が出てた時は、僕が出したやつにすごくいろんな人が意見を言って、もう僕を抜きにしてクリティーク同士が意見をするような感じだった。それをこっちが聞いてても面白かったし。けど、2010年の時は本当に何かもう1等を決めなきゃいけないっていうタイムスケジュールが…。

村上：1等を完全に決めるっていう感じではないですね、今は。

末廣：もともとそうね、1等を決めるっていうことになったのは…。

百枝：僕の時です。2002年。

末廣：伊東さんが来た時。かなり思いつきだよね（苦笑）。それまで1等を決めてなかったからね。1等というか、最後にプレゼンテーションをしてそれで終わりだった。賞もなきゃ何もないっていうか、選ばれましたっていうだけで終わってた。

平瀬：セレクションはしてたんですね。

末廣：セレクションはしてたね、発表する人を8作品位決めてそれでもう終わりっていう。

井手：しかも僕らが出してた頃は、案が優秀だから選ばれるっていうことじゃなかった。「これは議論すべき問題だ」っていうもので取り上げられる。

平瀬：それいいですよね。

末廣：全くそうだったね。だからもうつまんない案が選ばれたなってね（笑）。藤森さんがいきなり、九産大の学生が出したわけわかんないやつを選んできて「これ！」って言って（笑）。

井手：「これが建築だ」って言ってモバイルキッチンだなんて言って（笑）。

末廣：もう大爆笑でね。だから優劣が全く関係ない。

平瀬：でもそういうのが良さかもしれないですね。

末廣：確かにそこは悩ましい。そうやって優劣を決めないってなった時に学生のモチベーションが上がるのか。あとは、どっちがいいってやることである程度議論が深まるっていう面も無きにしもあらずなので。何もないと拡散しちゃうっていうのもあるかもしれないので。その辺のバランスが確かに難しいですね。

## コンペのための「傾向と対策」

百枝：実際に3年生の頃に、たとえば仙台に行って卒業設計展を見てから、自分の卒業設計をやるっていう人もいますよ。傾向と対策みたいな。

平瀬：そういうことやってる人いるんですか？

百枝：結構いるんですよ。それがあまり良くないんじゃないかと思うときもあって。というのは似すぎてる、勝てるフォー

マットを感じるときがあるんです。傾向と対策をたてることがいいのかどうかっていうのはちょっと議論の余地があるなと。

平瀬：こういうブックメディアが仙台とか他にもあるんじゃないですか。そういうのが流通してみんな見すぎているんですよね。

末廣：ある程度そういうのはしょうがないというか、いつの世の中でもありそうな話ではある。目に見えたものを表面的に真似するやつと中身理解してやるやつとがいて、その差が出てくると思うんだけど。まあただどうしてもそういう影響はあるよね。その時に確かに本はメディアだし、それからインターネットもね、ネットのメディアも今はすごく流通してるので、そういう流通するメディアっていうのはあるんだけど、さっきみなさんが言われたように、その臨場感というかね、この場所でしか得られないものは何かっていうのはもっと真剣に考えた方がいいのかなっていう気がするというか。最近ね、昨今の音楽業界だとCDがもう全然売れないからやたらコンサートに回帰してるというか。コンサートで稼ぐためにちゃんと客に来てもらって、そこで売り上げを上げるために、要はネットでの情報は垂れ流しにするみたいな、あえて禁止せずにやるみたいなことを、むしろコマーシャルに使うみたいなことを聞くけど、それと似たようなことだというか。結局参加しないと絶対に得られないということがちゃんと定常化して、それが評価されれば面白いかなという気もするね。

## これからの議論の在り方

井手：いろいろ学生と大学の課題もそうですけど、見てて、学生の人たちが悩んでいることは、実務者の僕らが悩んでいることに突き当たっている感じがすごくするんですよね。先に社会に出て、実務をやっている人間がまだ乗り越えきれていないところにやっぱり学生の人たちも違和感があって、課題とか卒業設計でやろうとするんだけど、なかなかそれがうまくいかず、しかもこちら側にそれを評価する軸もあまりないものだったりするので、それはすごく現代的だなって思ったりするんですよ。僕は松岡さんの事務所にバイトに行ったり、2001年から就職して働きはじめて、ちょうど実務に関わり始めて15年くらいですけど、15年くらい前にやっていた設計、スタッフの時にやっていた設計と、今やってる、自分が事務所作っての設計ですけど、建築の立ち上がる前提がすごく複雑になった気がするんですよ。そう考えると、単純に先に社会に出ている側が学生に何か批評するだけではないやり方が、一緒に悩むじゃないですけど、そういうことが必要なんじゃないかって気がすごくしますね。

村上：レビューを5,6年ずっと見ているんですけど、実は自分の事務所に持ち帰ることって結構多いんです。学生が抱えている課題って、僕らが学生の時に思っていたのよりも複雑で、常識が全く変わっていて、彼らが常識って思っていることが僕らにとっては常識じゃないわけですから。彼らの年代にしか解けないくらいのものが出てきている。それに対して、僕が批評していいのかっていう話もありますし、じゃあ一緒に考えましょうっていうのもちょっと違うし、という話で悩んだりはします。レビューはすごく端的に学生の作品っていうだけじゃなくて、見えてくるのがおもしろい。

末廣：今、デザインレビュー卒業した社会人もいっぱいいる。そういう人たちも集まって議論する場っていうのもあってもいいかもしれない。いわゆるクリティークだけじゃなくてね。いろんな議論を聞いて、それに対してどう思ったかっていうシンポジウムじゃないけど、そういう時間があってもいいのかもしれないと思いました。

井手：プロジェクトとかイベントとかやるときに、今みたいに離れててもコミュニケーションが取れる状況があるから、一つの物をみんなで作るっていうよりも、色んなものを皆で企画したものの総体がレビューだっていう形にした方がそれぞれの主体性は出るんじゃないかなって気はします。すごく大きなものをみんなで一緒に動かすっていうよりも小さなものをみんなでひとつずつ動かしていって、その全体がレビューで、今までと同じくらい動いている。レビューも全体の総意でクリティークを決めている感じがどうしてもあるから。例えばもう5人呼ぶとしたら、5個チームを作って、その5でそれぞれ出していく。昔だったら、ばっとまな板の上に案が乗せられて、それをクリティークが批評するっていうことでも成り立っていたと思うんですけど、今は同じまな板に乗ったとしても、クリティークがどの立場から、どの視点から見て、どう叫んでるっていう、自分の立ち位置を明確にして物事を述べないと正確に批評が伝わらないっていうすごく複雑な状況がある。チームごとに自分たちはこういうものがいい建築とか状況と思うから、この人はこういう視点で見てくれるんじゃないかみたいな人を選ぶ。で、クリティークしてもらうとか。規模じゃないと思うんですよね。そうなると、クリティークとして呼ばれる側としてもそこまでだからあなたなんですって言われたら断れないし、行きたいですよね。それなりにやっぱり自分のプロジェクトとか建築を調べた上でこういう視点で意見を言ってほしいっていう話で来られるとだったら、それに対してリアクション聞いてみたいなって思うから。

平瀬：出展者のOBOG会じゃないですけど、そういう人たちが集まって、ああだこうだ言うのもいいかもしれない。いろんなことを同時に受け入れるっていうのはいいかもしれな

いですね。大学ごとにいろいろ考えられるし、それに韓国とかアジアを入れてほしいなと思います。そうすると韓国人のクリティークがやってきたりして、全然違う視点からの意見をもらうのも良いのではないでしょうか。

末廣：インターナショナルなイベントをそこでやるっていうね。

村上：JIAの近畿支部が今やっているのは、若手の人たちが集まって完成したものを批評するのではなくエスキス段階で批評をするっていうのがあって、さっき言ってたエスキスも見てもらいたいっていうのもあったし、じゃあレビューの前夜祭で自分たちが今こういう物件をやってるんだけどみたいな話でそれをバンバン批判していくとか。

井手：やってる物件なんか末廣先生にクリティークしてもらいたいとかありますよね（笑）。そういうのだけでいっぱい来るんじゃないですか。

村上：近畿は一時期完成品をやっていたんですよ。でも完成品をやってると施主が住んでるところなんでそれは批判と批評とかいうレベルではなくて、それはもう違うんじゃないかってことでエスキス段階でやろうと。我々も本当はそういう機会が欲しいですよね。

末廣：施主が批判されると嫌だよな（笑）。でも確かに可能性としてはもともと「学生デザインレビュー」だったのが今はもう「学生」外しちゃってるから誰でも出していいってする手もあるなあ（笑）。結構怖いなそれ（笑）。まあでもそういうことも考えてもいいかもな。一部そういうことやるとかね。実作じゃなければ確かに案だけでもよければ学生に混じって社会人出すっていうのも。

村上：怖くて出せない（笑）。

# DESIGN REVIEW TOUR 2015
### デザインレビューツアー

全国から集まった本選出展者に九州にある名建築を見て回る。行き先は有名な建築ばかりではなく、知る人ぞ知る隠れた名建築や有名な建築でも普段入ることのできない部分まで訪れることができる。共に建築を見学することで出展者同士の交流の機会にもなっている。

開催日時
　2015年3月8日（日）
対象者
　デザインレビュー本選出場者
場　所
　①金光教福岡高宮教会（設計：六角鬼丈）
　②がやがや門（設計／施工／管理：九州大学学生）
　③木下クリニック、現久保田クリニック（設計：曠祥栄）
　④ぐりんぐりん（設計：伊東豊雄）

# 「出展学生に13の質問」

81名の出展者の皆様に、デザインレビュー記録部から13個の質問をしました。（編集 奥田、下岡、髙川、鶴田、春山）

## Q1「出展作品の制作に使ったアプリケーションは？」

▷統計データ
1. Adobe Photoshop ..95.0%
2. Adobe Illustrator ..93.4%
3. Vectorworks ..39.3%
4. SketchUP ..29.5%
5. Auto CAD ..23.0%

▷メーカー別

Adobe 社
_ Adobe Photoshop
_ Adobe Illustrator
_ Adobe InDesign

Autodesk 社
_ AutoCAD
_ ecotect Analysis

Microsoft 社
_ PowerPoint
_ Excel
_ word

▷用途別

3D 制作
_ SketchUP
　_ SU Podium / SketchUp 対応のフォトリアリスティックレンダリングプラグイン
_ Rhinoceros

図面作成
_ Vectorworks / Mac でのシェア高
_ AutoCAD / 業界最大手。組織事務所などで多用
_ Jw_cad / フリーソフトウェア。Windows 版のみ

BIM
_ AutodeskRevit / BIM 専用ソフトウェア。Windows 版のみ
_ ARCHICAD / BIM・建築 3 次元 CAD ソフト
_ Bentley Architecture / BIM・建築 3 次元 CAD ソフト

その他
_ ペイントツール SAI / ペイント機能に特化したペイントツール。Windows 版のみ
_ Flow designer / 熱流体解析ソフトウェア
_ Google Earth / バーチャル地球儀ソフトウェア

## Q2「大会に出展した作品を作成するの要した作成期間と費用は？」

作成期間：平均 3.5 ヶ月

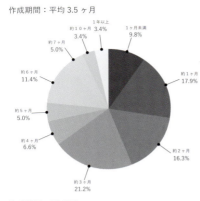

- 1ヶ月未満 9.8%
- 約1ヶ月 17.9%
- 約2ヶ月 16.3%
- 約3ヶ月 21.2%
- 約4ヶ月 6.6%
- 約5ヶ月 5.0%
- 約6ヶ月 11.4%
- 約7ヶ月 5.0%
- 約10ヶ月 3.4%
- 1年以上 3.4%

作成費用：6.9 万円

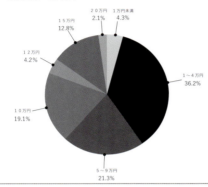

- 1万円未満 4.3%
- 1〜4万円 36.2%
- 5〜9万円 21.3%
- 10万円 19.1%
- 12万円 4.2%
- 15万円 12.8%
- 20万円 2.1%

## Q3「82 選学生に聞いた！好きな建築家 & 建築物」

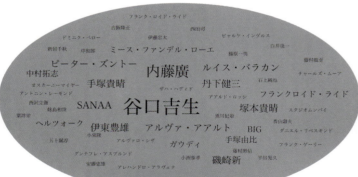

フランク・ロイド・ライド　西田司　古坂隆正　伊藤忠太　ビャルケ・インゲルス　ドミニク・ペロー　新居千秋　序和郎　ミース・ファンデル・ローエ　白井晟一　篠原一男　藤村龍至　ピーター・ズントー　内藤廣　ルイス・バラガン　チャールズ・ムーア　中村拓志　手塚貴晴　丹下健三　石上純也　オスカー・ニーマイヤー　ザハ・ハディド　アントニン・レーモンド　SANAA　谷口吉生　アアルド・ロッシ　フランクロイド・ライド　西沢立衛　妹島和世　塚本貴晴　スタジオムンバイ　葉祥栄　ヘルツオーク　伊東豊雄　アルヴァ・アアルト　BIG　春山由夫　小泉隆　ダニエル・リベスキンド　五十嵐淳　アルヴァロ・シザ　ガウディ　手塚由比　フランク・ゲーリー　グンナフレ・アスプルンド　小西泰孝　篠村照信　半田晃久　安藤忠雄　アレハンドロ・アラヴェナ　磯崎新

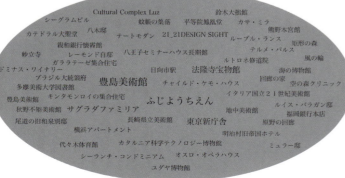

Cultural Complex Luz　鈴木大拙館　蚊帳の集落　平等院鳳凰堂　カサ・ミラ　シーグラムビル　熊野本宮館　カテドラル大聖堂　八木邸　テートモダン　21_21DESIGN SIGHT　ルーブル・ランス　矩形の森　親和銀行懐霄館　妙立寺　八王子セミナーハウス長期館　テルメ・バルス　レーモンド自邸　ルトロネ修道院　風の輪　ドミナス・ワイナリー　ガララテーゼ集合住宅　日向市駅　法隆寺宝物館　海の博物館　ブラジル大統領府　豊島美術館　チャイルド・ケモ・ハウス　回廊の家　空の森クリニック　多摩美術大学図書館　イタリア国立21世紀美術館　豊島美術館　キンタモンロイの集合住宅　ふじようちえん　地中美術館　ルイス・バラガン邸　秋野不矩美術館　サグラダファミリア　東京新庁舎　福岡銀行本店　尾道の旧和泉別邸　長崎県立美術館　原野の回廊　横浜アパートメント　明治村旧帝国ホテル　代々木体育館　カタルニア科学テクノロジー博物館　ミュラー邸　シーランチ・コンドミニアム　オスロ・オペラハウス　ユダヤ博物館

## Q4 「出展作品を作製する際に…」

### ○「上手くいったこと」

- 「レーザーカッターやカッティングプロッターなどを駆使して、添景を大量に作ることができた」
- 「図面とパースが自分の手で描けたこと」
- 「図面のプレゼンテーションで自分の色を表現できた。話をうまく展開できた」
- 「最終模型の素材の選定がうまくいった」
- 「模型を作りこんだこと。白模型にこだわったこと」
- 「模型のテイスト」
- 「プレボの背景に書いたアクソメ」
- 「模型材料にプラスチックダンボールを用いたこと」
- 「階段をうまく利用できたこと」
- 「竹籤で作る模型がうまく作れたこと」
- 「材料を工夫して植栽のある公園の模型を作ることができた」
- 「断面模型を大きなスケールで作ることができた」
- 「ポートフォリオやプレボのレイアウトが案外すんなり完成したこと」
- 「スケジュール管理」
- 「アイデアが最初から上手く思いつけたこと」
- 「それぞれの長所を盛り込めたこと」
- 「意見交換(エスキス)が沢山出来たこと」
- 「コンセプトやストーリーの組み立て」
- 「倉庫と住居という異なるプログラムを融合させ魅力ある空間を作れたこと」
- 「リサーチの後、結果が自分の考えていた場面と上手く結びついたこと」
- 「第一印象でインパクトがあると言われ、興味を惹きつけるのに上手くいった」
- 「優秀な先輩と手伝いに来てくれた友達に仕事をうまく振れたこと」
- 「関係者との協働設計を実践し、結論を出すことができたこと」
- 「CGの線画がうまくできたこと」
- 「22年間の集大成ができた」

### ×「失敗したこと」

- 「計画的に解きすぎて硬い作品になって、コンセプトが分かりにくかった」
- 「素晴らしい後輩達の頑張りを横目に寝てしまったこと」
- 「体調管理」
- 「時間管理、配分が難しかった」
- 「スタディの時間を十分に取ることができなかった」
- 「製作をしながら考えたいことがたくさん出てきてしまい、全てやるには時間が足りなかった」
- 「スタディをやりすぎて設計が間に合わなかった」
- 「設計に進むのが遅すぎた」
- 「模型を作るのに時間がかかり、間に合わなかった」
- 「模型が大きすぎて搬入に時間がかかったこと。規定外で搬入出来なかった」
- 「粘土を利用したことで模型が重くなりすぎた」
- 「製作方法のスタディをせずに本模型を作ったので、作業効率が下がった」
- 「敷地調査が困難だったこと」
- 「住宅としての各住戸のプランや機能まで深く詰めることができなかった」
- 「タイトルと敷地の選定。物語の選定」
- 「それぞれのビジョンを説明するのが難しく、設計をするのが少し難しかった」
- 「構造が成り立たないところが出てきたこと」
- 「最初の図面と最後の図面のクオリティに差が出たこと」
- 「提出直前に旅行に出てしまったこと」
- 「参照した敷地のコンテクストの読み込みと変換の倫理を満足が行くほど詰められなかったこと」
- 「無駄に費用がかかってしまった」
- 「良いプレゼンの仕方がわからなかった」
- 「自らの伝えたい空間を十分に作り込み、表現することができなかった点」
- 「インパクトのあるパースが書けなかったこと」
- 「パネル表現やドローイングで伝えたいことが分かりにくくなってしまった」

## Q5 「建築を始めたきっかけは?」

受賞者の方々の回答をまとめました。

| 06 | 中津川 毬江 | 中学生の時に家庭科で理想の家の間取りを考える授業がとても楽しかったから。 |
| 07 | 森 隆太 | 消去法 |
| 08 | 大野 宏 | ものづくりが好きだったから。 |
| 27 | 泊 裕太郎 | 幼い頃に自然と触れ合ったこと・人との出会いがきっかけです。 |
| 31 | 佐伯 瑞恵 | 理系科目とデザインが好きだったため。 |
| 68 | 加藤 樹大 | どうにかこうにか、兎にも角にも、振り向いてほしかったから。 |
| 73 | 松岡 彩果 | なにか形に残るものを仕事にしたいと思ったからです。 |
| 74 | 岡 美里 | 高1のとき知人の建築家をみて興味を持ちました |
| 80 | 荻野 克眞 | 図工や美術の時間が大好きで、ものづくりの仕事に携わりたかったから。 |
| 82 | 堤 昭文 | 世の中にある多くのモノの中で長い時間利用され残るものを作りたいと思ったため |

## Q6 「模型材料店一覧」

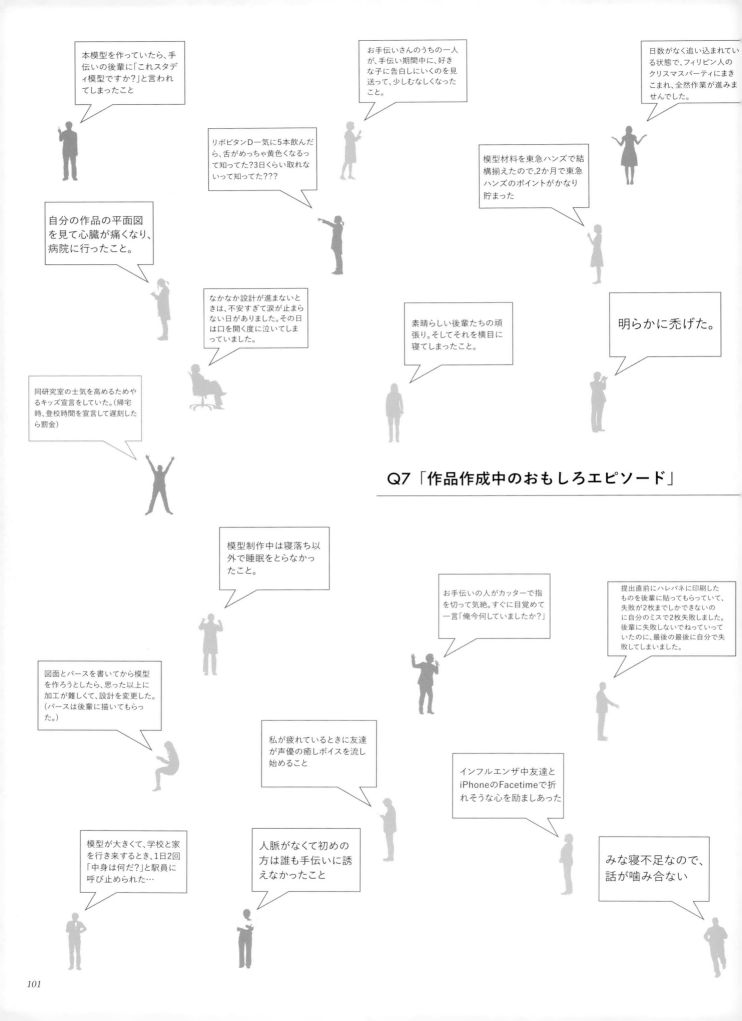

## Q8「プレゼンでのコツは？」

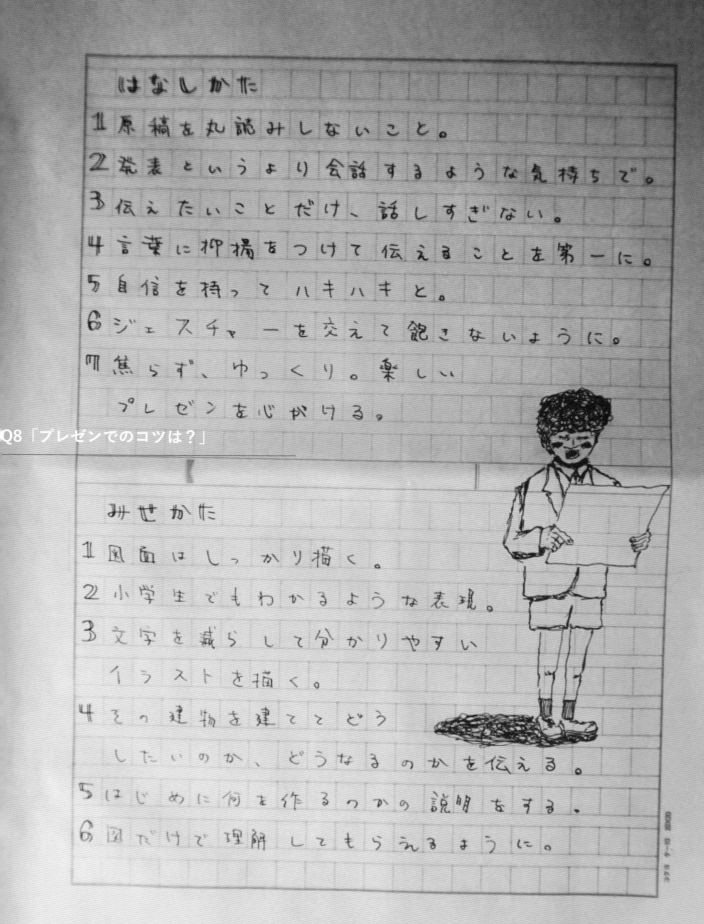

はなしかた
1 原稿を丸読みしないこと。
2 発表というより会話するような気持ちで。
3 伝えたいことだけ、話しすぎない。
4 言葉に抑揚をつけて伝えることを第一に。
5 自信を持ってハキハキと。
6 ジェスチャーを交えて飽きないように。
7 焦らず、ゆっくり。楽しいプレゼンを心がける。

みせかた
1 図面はしっかり描く。
2 小学生でもわかるような表現。
3 文字を減らして分かりやすいイラストを描く。
4 その建物を建ててどうしたいのか、どうなるのかを伝える。
5 はじめに何を作るのかの説明をする。
6 図だけで理解してもらえるように。

## Q9「模型作りのコツは？」

### ｜01｜材料ってどう選んでる？

「模型の素材・色味・形・はよく検討」
　_意図したことが伝わるように
　_具体例
　　_バルサに色を塗る
　　_水分を含むと反りそうな素材はすべて両面テープで接着
　　_接着剤の痕跡を見せない
　　_「建築模型。宮本流」2007. 彰国社　　参照。
　　_竹ひごや細い木などを使う場合はＧクリヤーを使うと作りやすい
　　_曇りガラススプレーが意外と色々工夫できる

### ｜02｜こういうことに気をつけています。

「ひたすら練習する」
　_組織設計事務所やゼネコンで模型アルバイト

「精神面」
　_動画を流しながら模型を作ると作業に集中しながら楽しめる
　_いつもギリギリまでつくらないことによって自分を追い込むことで模型の精度と素材選びの完成が研ぎすまされてる気がしてますが大体詰めが甘くなります。つまりおすすめテクニックは特に無いです。ごめんなさい。
　_これ以上ないくらい丁寧に
　_作り間違えてもすぐに作り直す根気を持つ

「時間をうまく使え！」
　_同じような作業はまとめて
　_まず手順を全部考えてから作業する。行き当たりばったりはダメ！
　_見られないところは作らないようにして時間短縮
　逆に…
　　_模型はあまり得意でないので、時間をかけるようにしてます。
　　_見てる人の気持ちを考えて時間の許す限り細部まで作り込むこと。そうすることで見てる人が模型や作品内に引き込まれる。
　　_細部を省略しすぎない

### ｜03｜道具はこう使え！

「カッターの刃はマメに取り替える」

「レーザーカッターは賢く使え！」
　_手で切れない部材を切ることが出来る
　_オリジナルの添景を作る

### ｜04｜more...

「小人に頼る」
　_多くの後輩に声をかけ、甘えることが重要なのではないでしょうか。
　_多くの仲間と一緒に作ることが重要だと思います。

「模型がつくるときは」
　_強、用、美を意識する
　_スケール感を忘れない
　_添景をうまく使う

## Q10「建築学科あるある」

**寝**
・レッドブル飲んだ後に、やっぱ寝ようかなって思う。そして寝る。
・ベッド以外での自己流睡眠法を確立させている。
・どこでも寝れます。

**うわっ、寝る場所とられた。（学校で徹夜するとき）**

**徹**
・作業効率の悪い徹夜がやめられない。
・２４時間営業と思われる。

締切間際で製図室で迎える朝は絶望の朝。

他学部他学科の「徹夜なう（レッドブルを写しながら）」のツイートが滑稽に見える。

**提**
・提出前になるとカウント日数ではなくあと、35時間とかになる。
・イラレが落ちて、落胆する。

**提出前にただよう、話しかけんなオーラ。**

**模**
・A1のボードや模型材料を持っている日に限って強風。
・模型を電車で運ぶときの肩身の狭さ。
・ドラテが服のどこかについてる。

**製**
・製図室内ではすぐに物がなくなります。
・製図室の鍵が時々紛失して、大騒動になる。
・製図室に溜まるエナジードリンクの空き。

**他**
・「エスキス」か「エスキース」なのか。
・建物に入ったらまず上を見る。　　　・遅刻魔。
・みんなyoutubeみてる。

学校＝家　「人間は意外とタフだ」という錯覚。

## Q11「定番の夜食」

| | | |
|---|---|---|
| 1位 | 麺 | カップ麺、ラーメン、パスタ、焼きそば、ちゃんぽん、そば |
| 2位 | お菓子 | チョコ、おかき、せんべい、グミ、ワッフル、梅こんぶ、プリン　等 |
| 3位 | 米 | おにぎり、チャーハン、カレー　等 |
| 4位 | スープ | インスタント系、はるさめスープ　等 |
| 5位 | コーヒー・果物・栄養ドリンク | |
| その他 | 定食、ヨーグルト、ニンニク、ハム、いりこ、食べない　等 | |

## Q12「意外と使える模型材料」

- ビーズ（添景で）
- 紙ヤスリ（屋根瓦）
- 画鋲（丸椅子として）
- ホッチキス（の芯）
- 麻布（土の表現で）
- 鉋（かんな）の削りかす
- 茶封筒（添景に）
- パンスト
- 本物の草木、石、砂
- 樹脂粘土
- パスタ
- 珈琲の殻
- ストロー
- オールシナベニヤ
- 穴あけパンチ
- 曇りガラススプレー
- キャンソンボード
- 園芸用品色々
- 鉄道模型材料
- マーメイド紙
- 竹ひご
- アルミ板
- 墨汁
- スポンジ
- 障子紙
- 後輩

etc...

## Q13「アナタの周りの建築学生団体」

\*81名の学生からのアンケート結果より
\*「」は物件名

## Committee Members

| | | | |
|---|---|---|---|
| 総務(委員長) | 久保 緩呂子 | 九州大学3年 |
| 総務(副部長) | 薮井 翔太郎 | 九州大学3年 |
| 運営(部長) | 小野 太寛 | 熊本大学2年 |
| 運営 | 青柳 光 | 九州大学3年 |
| 運営 | 小川 拓郎 | 九州大学3年 |
| 運営 | 丸山 千尋 | 九州大学3年 |
| 運営 | 藤本 将弥 | 九州大学3年 |
| 運営 | 華田 健人 | 九州大学3年 |
| 運営 | 渡邊 紗緒里 | 熊本県立大学3年 |
| 運営 | 伊子 修平 | 熊本県立大学3年 |
| 運営 | 河口 ひかり | 熊本大学2年 |
| 運営 | 下田 宇大 | 熊本大学2年 |
| 運営 | 本田 千江美 | 熊本大学2年 |
| 運営 | 天野 友博 | 熊本大学2年 |
| 運営 | 下岡 舞衣 | 熊本大学2年 |
| 運営 | 岸 啓明 | 熊本大学2年 |
| 運営 | 金井 里佳 | 九州大学1年 |
| 運営 | 大野 瑞生 | 九州大学1年 |
| 運営 | 東 大貴 | 九州大学1年 |
| 運営 | 野原 匠実 | 九州大学1年 |
| 運営 | 吉村 有史 | 九州大学1年 |
| 運営 | 廣澤 舞諭 | 九州大学1年 |
| 広報(部長) | 長尾 謙登 | 九州大学2年 |
| 広報 | 山口 奈津子 | 九州大学3年 |
| 広報 | 岩崎 冬葉 | 九州大学3年 |
| 広報 | エドワーズ 優希 | 九州大学3年 |
| 広報 | 村田 晃一 | 九州大学3年 |
| 広報 | 吉永 沙織 | 熊本大学2年 |

| | | | |
|---|---|---|---|
| 財務（部長） | 奥村 光城 | 九州大学3年 |
| 財務 | 岡田 奈穂美 | 九州大学2年 |
| 財務 | 樋口 豪 | 九州大学2年 |
| 財務 | 田代 拓也 | 九州大学2年 |
| 記録（部長） | 髙川 直人 | 九州大学2年 |
| 記録 | 奥田 菜都実 | 佐賀大学3年 |
| 記録 | 春山 詩菜 | 九州大学2年 |
| 記録 | 鶴田 敬祐 | 九州大学2年 |
| 記録 | 下岡 未歩 | 九州大学2年 |
| 記録 | 澤田 拓巳 | 熊本大学1年 |

# あとがき

実行委員長
久保 綏呂子

　皆さまの多大なるご支援、ご協力のおかげをもちまして、デザインレビュー2015は無事閉会いたしました。

　クリティークとして快くご参加くださり、熱心にご指導いただいた先生方、ご協賛いただきました個人や企業の方々、そしてずっと支えてくださったJIAの方々や大学の先生方をはじめ、ここに書ききれないほどの多くの方々に大変お世話になりました。誠にありがとうございました。

　開催20周年という節目の年を迎えるに当たって、私は「デザインレビューとは何なのだろうか」という問いを自らに問いかけてきました。大会が始まってから20年の間で建築学生を取り巻く環境も変化し、デザインレビューもまたその運営形態を変化させてきました。ここでこれからのデザインレビューのあり方を再確認すべきだと感じたのです。大会が終わり、あとがきを書いている今ですら、果たして明確な解答が見つけられたかどうかは定かではありませんが、私が出した答えとはデザインレビューは「希望を与える存在」であるべきだということです。大会に関わった全ての人がどんな些細なことでも構わないので、これからの糧になるような希望を見出せていただけるような大会にすべきであり、今大会ではその解答を少しでも実現できたのではないかと感じています。

　私は実行委員のメンバーから何よりも大きな希望を与えられました。どんな困難な状況にあっても、どうにかして活路を見い出そうとする実行委員の皆の姿に学生の力を大きく感じました。それと同時に頼りない実行委員長についてきてくれたことに本当に感謝しています。

　最後になりましたが、ご支援いただきました皆さまに再度、心より感謝いたします。本当にありがとうございました。そして、今後ともデザインレビューをどうぞよろしくお願いいたします。

# 編集後記

記録部長
髙川 直人

　はじめに、デザインレビュー2015を共催、後援、協賛いただいた多くの個人、団体、企業の皆様、また当日会場に足を運んでくださった来場者の皆様に今年度も大会を成功させることが出来ましたことを心よりお礼申し上げます。

　特に編集スタッフの皆さんには事前の打ち合わせから、大会が終わった後もこの記録誌が出来るまでの長い間、親身になってお付き合い頂いたことを本当に感謝致しております。
　初めての経験であり、右も左もわからない状態の中、ずいぶんとお手数をおかけしてしまったと思いますが、そんな中でも丁寧にご指導頂き、私たち実行委員にとってもまたとない貴重な経験をさせて頂き大変勉強にもなりました。本当にありがとうございました。

　また、出展者の方々にはデータの提供やアンケートなど様々なご協力を頂いたことを感謝申し上げます。
　一つ一つ挙げていくとキリがありませんが、この記録誌をつくるに当たって本当に多くの人からご協力を頂けたことを改めて実感し感謝致しております。

　今年度のデザインレビューは"機"というテーマを掲げました。数年前の大震災を機に日本における建築の在り方は刻々と変わりつつあります。我々は今こそ新しい提案を発信する絶好の機会であると今年度の大会を考えました。今年で開催20周年という節目の年にデザインレビューは建築の原点である機能性について再度見直し、新たな転機を導く場となったのではないかと感じています。

　デザインレビューの良さはクリティークである普段は直接話せないような建築家の方々に自分の作品を見てもらい貴重なご意見を頂けることだと思います。さらにデザインレビューは卒業設計だけでなく、他の短大、高専、学年、学部からでも出展できることが大きなメリットです。来年、再来年は是非あなたが出展してみてください。

　最後になりましたがこの本が自分たちと同じようにこれから建築を目指す人にとって何か意味のあるものになってくれたら幸いです。

# 応募要項
## Application Requirements

### 大会テーマ:"機"
数年前の大震災を機に日本における建築の在り方は刻々と変わりつつある。今こそ新しい提案を発信する絶好の機会ではないだろうか。今年で開催20周年という節目の年にデザインレビューは建築の原点である機能性について再度見直し、新たな転機を導く場となる。

### 開催日時
2015年3月6日(金)〜7日(土)

### クリティーク
小西　泰孝（小西泰孝建築構造設計）
手塚　由比（手塚建築研究所・東海大学非常勤講師）
内藤　　廣（内藤廣建築設計事務所・東京大学名誉教授・総長室顧問）
藤村　龍至（藤村龍至建築設計事務所・東洋大学専任講師）
葉　　祥栄（葉デザイン事務所）
末廣　香織（九州大学准教授・NKSアーキテクツ）

※敬称略50音順

### 開催場所
九州大学伊都キャンパス椎木講堂
（福岡県福岡市西区元岡744番地）

### 応募資格
大学、大学院、短大、専門、高専などで建築、都市、ランドスケープ等について学ぶ学生（学年専攻等不問）
ただし、3月6日、7日の両日とも参加できること

### 予選
本大会では予選を行い、本選出場者を80名程度選出します。

### 応募方法
下記期間中に大会HPより予選登録を行ってください。
予選登録後、実行委員からメールをお送りします。
そのメールの指示に従い、登録IDとともに予選登録料を振り込んでください。
予選登録料は1,000円です。

### 予選登録期間
1月21日(水)〜2月3日(火)
期間中に公式ホームページ内に掲載される「予選登録」のリンクより登録フォームへ進み、登録をしてください。

### 予選提出物
出展作品を表現するのに必要な文章、図面、模型写真などをまとめたポートフォリオ1枚(A3横使い・パネル化不可)
提出期限：2月16日(月)
提出先：〒810-0022
　　　　福岡県福岡市中央区薬院1－4－8あずまビル2F
　　　　（社）日本建築家協会九州支部内
　　　　　　デザインレビュー実行委員会事務局

### 本選
予選審査の後、本選出場者には予選通過の旨をメールにて通知します。
そのメールの指示に従い、本選出場の準備をお願いします。
本選の登録料金は懇親会の料金込みで4,000円です。

### 事前審査
2月20日に行われた事前審査において3月6日、7日の大会当日に出展できる80作程度を選抜いたしました。
審査員は九州の先生方4名です。
・予選審査委員
鵜飼　哲矢（九州大学准教授・鵜飼哲矢事務所）
末廣　香織（九州大学准教授・NKSアーキテクツ）
田中　智之（熊本大学大学院准教授・TASS建築研究所）
矢作　昌生（九州産業大学准教授・矢作昌生建築設計事務所）
※敬称略50音順

## 協賛リスト
Sponsors List

主催：デザインレビュー2015 実行委員会
共催：（公社）日本建築家協会 九州支部
後援：九州朝日放送
　　　RKB毎日放送
　　　NHK福岡放送局

## 特別協賛
株式会社総合資格

### 企業協賛
- 株式会社梓設計　九州支社
- 株式会社イトーキ　福岡支店
- 株式会社AAデザインオフィス
- 株式会社大林組
- 株式会社鹿島技研
- 鹿島建設株式会社
- 株式会社カッシーナ　イクスシー
- 九州産業大学
- 九建設計株式会社
- 株式会社建築企画コム・フォレスト
- コクヨマーケティング株式会社
- 株式会社サンコーライフサポート
- 三協立山株式会社三協アルミ社
- 株式会社醇建築まちづくり研究所
- JIA九州支部
- JIA九州支部 福岡地域会
- JIA九州支部 佐賀地域会
- JIA九州支部 長崎地域会
- JIA九州支部 鹿児島地域会
- JIA福岡地域会協力会
- 清水建設株式会社九州支店
- 新産住拓株式会社
- 株式会社スズキ設計
- 株式会社すまい工房
- 積水ハウス株式会社　アイランドシティ開発室
- 有限会社設計機構ワークス
- 大成建設株式会社
- 株式会社太陽設計
- 田島・ルーフィング株式会社
- 立川ブラインド工業株式会社
- 株式会社日本設計　九州支社
- 日本建築学会九州支部福岡支所
- （公社）福岡県建築士会
- 北海道パーケット工業株式会社
- 株式会社松山建築設計室
- 株式会社ミスターフローリング
- 株式会社三津野建設
- 株式会社三菱地所設計
- 株式会社メイ建築研究所
- 株式会社YAMAGIWA
- 株式会社山下設計
- 株式会社LIXIL
- YKKAP株式会社九州支社

### 個人協賛
- 鮎川　透　株式会社環・設計工房
- 有吉兼次　有限会社ズーク
- 家原英生　有限会社Y設計室
- 板野　純　ナガハマデザインスタジオ一級建築士事務所
- 市川清貴　有限会社市川建築設計事務所
- 井上福男　株式会社ジェイ・エム・ディ設計
- 井本重美　イモトアーキテクツ
- 岩本茂美　株式会社傅設計
- 上田真樹　有限会社祐建築設計事務所
- 鵜飼哲也　九州大学
- 内田貴久　内田貴久建築設計事務所
- 角銅剛太　有限会社福岡建築設計事務所
- 上村清次　上村設計工房
- 川上隆之　ナガハマデザインスタジオ一級建築士事務所
- 川津悠嗣　かわつひろし建築工房
- 栗山政雄　株式会社栗山建築設計研究所
- 小島昌一　佐賀大学
- 後藤隆太郎　佐賀大学
- 古森弘一　株式会社古森弘一建築設計事務所
- 志賀　勉　九州大学
- 田口陽子　佐賀大学
- 田中俊彰　田中俊彰設計室
- 田中　浩　株式会社田中建築設計室
- 田中康裕　株式会社キャディスと風建築工房
- 谷口　遵　有限会社建築デザイン工房
- 中大窪千晶　佐賀大学
- 中俣知大　一級建築士事務所数寄楽舎有限会社
- 馬場泰造　有限会社草設計事務所
- 平瀬有人　佐賀大学
- 末廣香織　九州大学
- 末廣宣子　NKSアーキテクツ
- 渕上貴由樹　佐賀大学
- 古川　稔　株式会社アーキ・プラン
- 前田　哲　株式会社日本設計
- 三迫靖史　株式会社東畑建築事務所
- 三島伸雄　佐賀大学
- 水野　宏　株式会社水野宏建築事務所
- 村上明生　アトリエサンカクスケール
- 森　浩　株式会社日本設計九州支社
- 森　裕　株式会社森裕建築設計事務所
- 柳瀬真澄　柳瀬真澄建築設計工房
- 矢作昌生　矢作昌生建築設計事務所
- 山澤宣勝　てと建築工房
- 和田正樹　株式会社和田設計コンサルタント

（50音順・敬称略）

総合資格インフォメーション

# 在学中から二級建築士を！

## 技術者不足からくる建築士の需要

東日本大震災からの復興、公共事業の増加、さらに2020年の東京オリンピック開催と、建設需要は今後さらに拡大することが予想されます。しかし一方で、人材不足はますます深刻化が進み、特に監理技術者・主任技術者の不足は大きな問題となっています。

## 使える資格、二級建築士でキャリアの第一歩を

「一級建築士を取得するから二級建築士はいらない」というのは昔の話です。建築士法改正以降、建築士試験は一級・二級ともに内容が大幅に見直され、年々難化してきています。働きながら一度の受験で一級建築士を取得することは、非常に難しい状況です。

しかし、二級建築士を取得することで、住宅や事務所の用途であれば木造なら3階建て1000㎡まで、鉄骨やRCなら3階建て300㎡まで設計が可能です。多くの設計事務所ではこの規模の業務が中心となるため、ほとんどの物件を自分の責任で設計監理できることになります。また住宅メーカーや住宅設備メーカーでは、二級建築士は必備資格となっています。さらに、独立開業に必要な管理建築士の資格を二級建築士として取得しておけば、将来一級建築士を取得した際に、即一級建築士事務所として開業できます。二級建築士は実務的にも使える、建築士としてのキャリアの第一歩として必須の資格といっても過言ではありません。

## 大学院生は在学中に二級建築士を取得しよう

大学院生は修士1年（以下、M1）で二級建築士試験が受験可能となります。在学中に取得し、入社後の早いうちから責任ある立場で実務経験を積むことが、企業からも求められています。また、人の生命・財産をあつかう建築のプロとして、高得点での合格が望ましいといえます。

社会人になれば、今以上に忙しい日々が待っています。在学中（学部3年次）から勉強をスタートしましょう。M1で二級建築士を取得しておけば就職活動にも有利です。建築関連企業に入社した場合、学習で得た知識を実務で生かせます。大学卒業後就職する方も、就職1年目に二級建築士資格を取得しておくべきです。

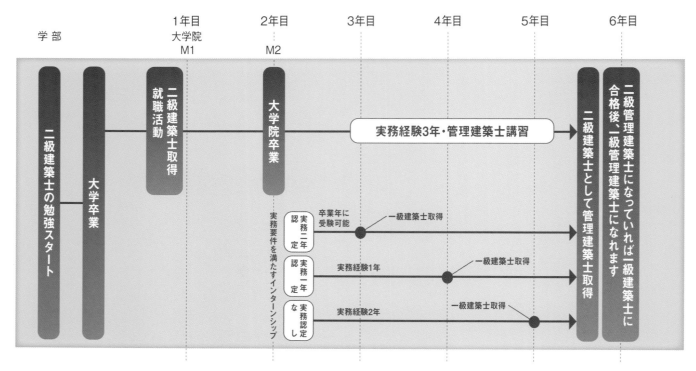

# 早期資格取得で活躍の場が広がる！

## 建築士の早期取得で会社に貢献できる

会社の経営状況を審査する指標として「経営事項審査（以下、経審）」があります。経審は建設業者を点数で評価する制度です。公共工事への入札に参加する業者は必ず受けなければなりません。

経審には技術職員点数が評価される"技術力項目"があり、全体の約25％のウェイトを占めています。一級建築士が5点、二級建築士が2点、無資格者は0点、10年経験を積んだ無資格者が1点と評価されます。つまり、大学院在学中に二級建築士を取得すれば、入社後すぐに2点の貢献（※）ができるため、就職活動も有利に進められます。新入社員であっても、無資格の先輩社員よりも高く評価されることでしょう。※雇用条件を満たすために6ヶ月以上の雇用実績が必要

**1級資格者の技術力は、10年の実務経験よりはるかに高く評価されている**

| 入社年次 | 1年目 | 2年目 | 3年目 | 4年目 | 5年目 | 6年目 | 7年目 | 8年目 | 9年目 | 10年目 | 11年目 |
|---|---|---|---|---|---|---|---|---|---|---|---|
| 大学院で2級建築士を取得した Aさん | 2点 | 2点 | 2点 | 5点 | 5点 | 5点 | 5点 | 5点 | 5点 | 5点 | 5点 |
| 入社してすぐ2級建築士に合格した Bさん | 0点 | 2点 | 2点 | 5点 | 5点 | 5点 | 5点 | 5点 | 5点 | 5点 | 5点 |
| 無資格の C先輩 | 0点 | 0点 | 0点 | 0点 | 0点 | 0点 | 0点 | 0点 | 0点 | 0点 | 1点 |

## 建築のオールラウンドプレーヤーになろう

建築士試験では最新の技術や法改正が問われます。試験対策の学習をすることで、合否に関わらず、建築のオールラウンドプレーヤーとして働ける知識が身につきます。平成27年の一級建築士試験では、平成26年施行の「特定天井」に関する法改正から出題されました。二級建築士試験では、平成25年に改正された「耐震改修」の定義に関して出題されました。実務を意識した出題や社会情勢を反映した出題も見られます。そのため、試験対策をしっかりとすることで、会社で一番建築の最新知識や法改正に詳しい存在として重宝され、評価に繋がるのです。

建築士資格を取得することで、会社からの評価は大きく変わります。昇進や生涯賃金にも多大な影響を与え、無資格者との格差は開いていくばかりです。ぜひ、資格を早期取得して、実りある建築士ライフを送りましょう。

### 難化する二級建築士試験

平成16年度と27年度の合格者属性「受験資格別」の項目を比較すると、「学歴のみ」の合格者が20ポイント以上も増加しています。以前までなら直接一級を目指していた高学歴層が二級へと流入している状況がうかがえます。二級建築士は、一級に挑戦する前の基礎学習として人気が出てきているようです。その結果、二級建築士試験は難化傾向が見られます。資格スクールの利用も含め、合格のためには万全の準備で臨む必要があります。

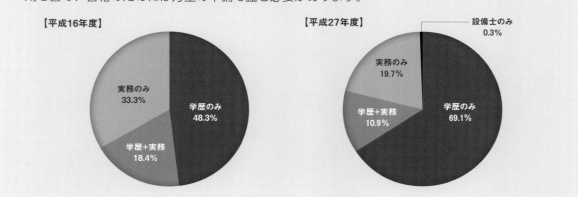

【平成16年度】
- 学歴のみ 48.3%
- 実務のみ 33.3%
- 学歴＋実務 18.4%

【平成27年度】
- 学歴のみ 69.1%
- 実務のみ 19.7%
- 学歴＋実務 10.9%
- 設備士のみ 0.3%

在学中に勉強して取得できる二級建築士・管理建築士講習についての詳しい情報は、
総合資格学院のホームページへ（http://www.shikaku.co.jp/）。

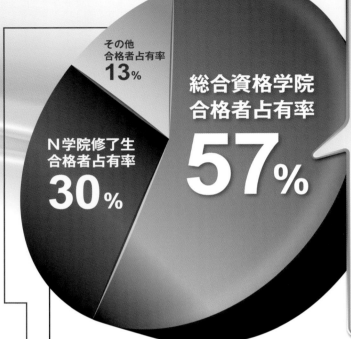

# インフォメーション information

## 総合資格学院

### 平成27年度 1級建築士学科試験 全国合格者占有率

全国合格者 4,806名中
当学院現役受講生 2,582名

**53.7%**

※当学院のNo.1に関する表示は、公正取引委員会「No.1表示に関する実態調査報告書」に基づき掲載しております。
※全国合格者数は、(公財)建築技術教育普及センター発表に基づきます。

### 平成27年度 2級建築士設計製図試験 全国ストレート合格者占有率

全国合格者 3,322名中
当学院現役受講生 1,335名

**40.2%**

※総合資格学院の合格実績には、模擬試験のみの受験生、教材購入者、無料の役務提供者、過去受講生は一切含まれておりません。

### 目標 平成28年度もより多くの合格者を輩出できるよう スタッフ一丸となってサポートします！

| 1級建築士試験 ストレート合格者占有率（学科＋製図） | 1級建築士学科試験 合格者占有率 | 2級建築士試験 ストレート合格者占有率（学科＋製図） | 2級建築士学科試験 合格者占有率 |
|---|---|---|---|
| **95%** | **90%** 都道府県単位で100%を目標 | **70%** | **60%** |

### 平成27年度 1級建築士設計製図試験 1級建築士卒業学校別実績（卒業生合格者20名以上の全学校一覧／現役受講生のみ）

下記学校卒業生合格者の **62.9%** が総合資格学院の現役受講生でした。 合格者合計 2,161名中 当学院現役受講生 1,359名

| 順位 | 学校名 | 合格者数 | 当学院合格者 | 当学院利用率 |
|---|---|---|---|---|
| 1 | 日本大学 | 225 | 147 | 65.3% |
| 2 | 東京理科大学 | 132 | 90 | 68.2% |
| 3 | 早稲田大学 | 99 | 60 | 60.6% |
| 4 | 芝浦工業大学 | 78 | 53 | 67.9% |
| 5 | 近畿大学 | 73 | 35 | 47.9% |
| 6 | 工学院大学 | 66 | 34 | 51.5% |
| 7 | 明治大学 | 54 | 37 | 68.5% |
| 8 | 神戸大学 | 51 | 34 | 66.7% |
| 9 | 京都大学 | 47 | 21 | 44.7% |
| 10 | 京都工芸繊維大学 | 46 | 26 | 56.5% |
| 11 | 金沢工業大学 | 45 | 20 | 44.4% |
| 11 | 関西大学 | 45 | 25 | 55.6% |
| 11 | 法政大学 | 45 | 32 | 71.1% |
| 14 | 大阪工業大学 | 44 | 29 | 65.9% |
| 15 | 神奈川大学 | 43 | 32 | 74.4% |
| 15 | 九州大学 | 43 | 29 | 67.4% |
| 17 | 東京電機大学 | 40 | 23 | 57.5% |
| 17 | 東京都市大学 | 40 | 29 | 72.5% |
| 17 | 名城大学 | 40 | 22 | 55.0% |
| 17 | 広島大学 | 40 | 29 | 72.5% |
| 21 | 名古屋工業大学 | 39 | 28 | 71.8% |
| 22 | 東京大学 | 36 | 20 | 55.6% |
| 23 | 千葉大学 | 35 | 23 | 65.7% |
| 23 | 広島工業大学 | 35 | 23 | 65.7% |
| 25 | 東海大学 | 34 | 20 | 58.8% |
| 26 | 東洋大学 | 33 | 21 | 63.6% |
| 26 | 三重大学 | 33 | 26 | 78.8% |
| 28 | 熊本大学 | 32 | 20 | 62.5% |
| 28 | 横浜国立大学 | 32 | 20 | 62.5% |
| 30 | 福岡大学 | 31 | 20 | 64.5% |
| 30 | 北海道大学 | 31 | 20 | 64.5% |
| 32 | 大阪大学 | 30 | 16 | 53.3% |
| 32 | 東京工業大学 | 30 | 17 | 56.7% |
| 34 | 中央工学校 | 29 | 20 | 69.0% |
| 34 | 名古屋大学 | 29 | 21 | 72.4% |
| 36 | 鹿児島大学 | 27 | 16 | 59.3% |
| 36 | 千葉工業大学 | 27 | 17 | 63.0% |
| 38 | 大阪市立大学 | 26 | 18 | 69.2% |
| 38 | 信州大学 | 26 | 16 | 61.5% |
| 40 | 大分大学 | 25 | 14 | 56.0% |
| 40 | 首都大学東京 | 25 | 17 | 68.0% |
| 40 | 新潟大学 | 25 | 14 | 56.0% |
| 43 | 東北大学 | 24 | 13 | 54.2% |
| 43 | 室蘭工業大学 | 24 | 13 | 54.2% |
| 45 | 大阪工業技術専門学校 | 23 | 10 | 43.5% |
| 46 | 前橋工科大学 | 22 | 17 | 77.3% |
| 47 | 日本工業大学 | 21 | 11 | 52.4% |
| 47 | 立命館大学 | 21 | 21 | 100.0% |
| 49 | 関東学院大学 | 20 | 15 | 75.0% |
| 49 | 京都造形芸術大学 | 20 | 10 | 50.0% |
| 49 | 慶應義塾大学 | 20 | 15 | 75.0% |

※卒業学校別合格者数は、(公財)建築技術教育普及センターの発表によるものです。※総合資格学院の合格者数には、「2級建築士」等を受験資格として申し込まれた方も含まれている可能性があります。
※総合資格学院の合格実績には、模擬試験のみの受験生、教材購入者、無料の役務提供者、過去受講生は一切含まれておりません。（平成27年12月17日現在）

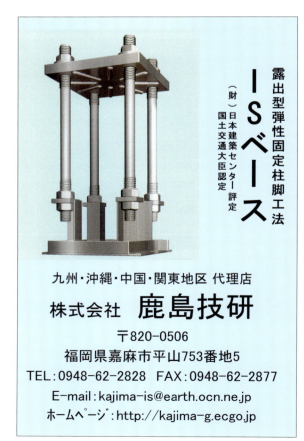

カッシーナ・イクスシー 福岡店
〒810-0004 福岡市中央区渡辺通4-8-28 FTスカラビル1F.
Tel. 092-735-3901[代] Fax. 092-735-3908
OPEN 11:00〜19:30 定休日：水曜 www.cassina-ixc.jp

COGNITION
外国人とのまち
2014年度　卒業設計　金賞　加藤直樹

## 九州産業大学
工学部 建築学科 / 住居・インテリア設計学科

KYUSHU SANGYO UNIVERSITY

http://www.kyusan-u.ac.jp
〒813-8503
福岡市東区松香台2丁目3番1号

あなたに届けたい。
I would like to send to you.

株式会社
建築企画 コム・フォレスト
代表取締役　林田　俊二

〒810-0801
福岡市博多区中洲5-6-24　第6ガーデンビル6階
URL:http://www.comforest.co.jp

株式会社 サンコーライフサポート

ドイツ「iFデザイン賞2014」を受賞
http://www.arm-s.net/

高性能省エネサッシシステム アームス
**ARM-S**
自然換気システム
ARM-S ＠ NAV

三協立山株式会社　三協アルミ社
九州支店ビル建材部／〒812-0042　福岡県福岡市博多区豊2-4-6　TEL（092）707-0006

株式会社
醇建築まちづくり研究所

代表取締役　牧　敦司

〒810-0004
福岡市中央区渡辺通り2-8-12
リンデン東薬院
TEL：092-737-3950　FAX：092-732-7515

子どもたちに誇れるしごとを。

清水建設株式会社

九州支店

〒810-8607

福岡市中央区渡辺通三丁目6番11号

TEL　092－716－2002

FAX　092－714－4774

熊本の木の家

GOOD
DESIGN

5年連続受賞

**新産住拓株式会社**

熊本市南区近見8丁目9-85　TEL.096-356-3338
http://www.shinsan.com

フェイスブックで情報発信中！

---

SUZUKI ARCHITECTURAL
DESIGN OFFICE

株式会社　**スズキ設計**

建築家　鈴木　基正

OFFICE
北九州市小倉北区上到津2-1-17

---

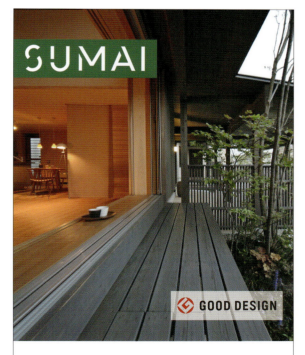

家と幸福で、SUMAI。

株式会社 すまい工房　熊本県熊本市東区神水本町26-24
0120-096-123　すまい工房 検索

---

アイランドシティ

# セントラルパーク
# 香椎照葉

共同企業体

**SEKISUI HOUSE** 積水ハウス株式会社

九電不動産株式会社

**Nishitetsu** 西日本鉄道株式会社

**&and** 西部ガスリビング株式会社

人がいきいきとする
環境を創造する。

大成建設
TAISEI

本　　　社／東京都新宿区西新宿 1-25-1
　　　　　　電話　03（3348）1111

九州支店／福岡市中央区大手門 1-1-7
　　　　　　電話　092（771）1112

ISO9001/ISO14001認証取得

TAIYO SEKKEI

株式会社　太陽設計
代表取締役社長　田中　一樹

本社/福岡市中央区草香江2丁目1-23
TEL 092-761-1266　FAX 092-761-4655
支社/東京都港区芝大門2丁目4-8 9F
TEL 03-6809-1350　FAX 03-6809-1351

屋根で守り、床で支える。 TAJIMA

田島ルーフィング株式会社　http://www.tajima.jp

日本設計 九州支社
NIHON SEKKEI, INC.

福岡市中央区天神1-13-2 福岡興銀ビル
http://www.nihonsekkei.co.jp/

---

「建築士登録は建築士会へ」

公益社団法人
福岡県建築士会

会　長　石本 元彦

〒812-0013

福岡市博多区博多駅東3-14-18

福岡建設会館6F

TEL（092）441-1867

FAX（092）481-2355

E-mail：shikaihu@crocus.ocn.ne.jp

URL:http://www.f-shikai.org/

---

国内生産床材の
製造・販売・施工は
「北海道パーケット工業」へ
お任せ下さい！

北海道パーケット工業株式会社
TEL 0138-49-5871
北海道北斗市追分81-14
http://www.parquet.co.jp

---

MATSUYAMA
ARCHITECT
AND
ASSOCIATES

ARCHITECTURAL DESIGN. INTERIOR DESIGN. PRODUCT DESIGN

株式会社松山建築設計室

http://www.matsuyama-a.co.jp

## MR.FLOORING

フローリングのことなら
ミスターフローリング！

（株）ミスターフローリング
TEL 092-273-1600
福岡県福岡市博多区須崎町7-4 6F

---

INNOVATOR
MITSUNO

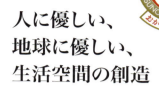

人に優しい、
地球に優しい、
生活空間の創造

綜合建設業
 株式会社 三津野建設

代表取締役　西尾　剛人

〒862-0910　熊本市東区健軍本町23-5
TEL　（096）369-1281（代）
FAX　（096）369-1257
URL　http://www.mitsuno.jp/
E-mail　info@mitsuno.jp

---

環境・文化・未来のグランドデザイナー

 三菱地所設計
Mitsubishi Jisho Sekkei Inc.

取締役社長　　大内　政男
九州支店長　　内田　裕

東京都千代田区丸の内3-2-3
TEL（03）3287-5555
福岡県福岡市中央区天神1-6-8
TEL（092）731-2277

http://www.mj-sekkei.com/

---

建築設計の立場から
医療・福祉・教育を見つめて48年

黒木記念病院 総合ケアセンター　2014年6月竣工

 株式会社　メイ建築研究所
M.A.Y ARCHITECTS OFFICE

福岡市博多区博多駅東 2-9-1-4F
〒812-0013
TEL：092-415-1020
URL：http://www.may-ar.jp
E-mail：may@may-ar.jp

高演色タイプの
LEDモジュール搭載により
Ra95を実現

株式会社YAMAGIWA 九州支店
〒812-0018
福岡市博多区住吉3-1-80 オヌキ新博多ビル1階
TEL:092-283-8721  http://www.yamagiwa.co.jp

株式会社 山下設計
YAMASHITA SEKKEI INC.

九州支社
〒812-0037 福岡市博多区御供所町 3-21
TEL:092-291-8030  FAX:092-291-8040

株式会社 LIXIL　ビル九州支店
〒812-0897 福岡県福岡市博多区半道橋2-15-10
TEL 092-415-3939　FAX 092-415-3923　http://www.lixil.co.jp/

窓を考える会社

YKK AP株式会社
ビル建材第一事業部 九州支店
福岡市博多区博多駅東2-13-34 エコービル2F  TEL.092-436-4521
http://www.ykkap.co.jp/

# 20TH DESIGN REVIEW 2015

デザインレビュー2015
実行委員会編

2016年2月29日　初版発行

### 編　集
デザインレビュー2015　実行委員会

### 発行人
岸　隆司

### 編集協力
株式会社 総合資格

新垣 宜樹・片岡 繁

梶田 悠月・高井 真由子

### 発行元
株式会社 総合資格

〒163-0557 東京都新宿区西新宿1-26-2　新宿野村ビル22F

TEL 03-3340-6714（出版局）　　URL http://www.shikaku-books.jp

### 原稿作成
デザインレビュー2015　実行委員会・記録部

### 撮　影
Techni Staff　生熊 智

### 印刷・製本
三栄印刷株式会社

落丁本・乱丁本はお取り替えいたします。
本書の無断転写、転載は著作権法上での例外をのぞき、禁じられています。

ISBN 978-4-86417-163-2

© デザインレビュー2015　実行委員会